Vom
Tellerwäscher
zum
Visionär

Wolfgang Maria Gran

Vom
Tellerwäscher
zum
Visionär

Wie Öko-Pionier Sepp Dygruber mit
claro Geschichte schrieb

ecoWIN

FSC
www.fsc.org
MIX
Papier aus ver-
antwortungsvollen
Quellen
FSC® C014496

Umschlag und Inhalt gedruckt auf Naturpapier. Dieses Buch wurde CO_2-neutral produziert.

Gendererklärung
Der besseren Lesbarkeit wegen verwendet der Autor im nachfolgenden Text zumeist die Sprachform des generischen Maskulinums. Personenbezogene Aussagen beziehen sich auf alle Geschlechter.

1. Auflage
© 2021 Ecowin Verlag bei Benevento Publishing Salzburg – München,
eine Marke der Red Bull Media House GmbH, Wals bei Salzburg

Medieninhaber, Verleger und Herausgeber:
Red Bull Media House GmbH
Oberst-Lepperdinger-Straße 11–15
5071 Wals bei Salzburg, Österreich

Satz: MEDIA DESIGN: RIZNER.AT
Umschlaggestaltung: www.b3K-design.de, Andrea Schneider, diceindustries,
unter Verwendung von Elementen der CI der claro products GmbH
Fotos: alle ©claro products GmbH, außer S. 1: Foto Holzer; S. 6 unten,
S. 7: Andreas Schaad
Autorenillustration: Claudia Meitert / carolineseidler.com
Printed by GGP Media GmbH, Germany

ISBN 978-3-7110-0282-2

Inhalt

Vorwort

Bei meiner Lehrtätigkeit an der Universität Salzburg erzähle ich den jungen Menschen in jedem Sommersemester, dass ich Neugierde für eine entscheidende Grundvoraussetzung dafür halte, eine gute Journalistin oder ein guter Journalist zu werden. Wer nicht neugierig auf Menschen und deren Leben mit all seinen Facetten ist, wer nicht so genau wie möglich wissen will, was sich hinter Offensichtlichem und allgemein Zugänglichem verbirgt, wer das noch Unbekannte scheut, weil es kuscheliger und sicherer ist, sich im Vertrauten zu rekeln, wird bestenfalls einmal passabel nacherzählen, aber niemals gut berichten können.

Was man anderen erzählt, sollte man im Idealfall auch selbst leben, und demnach fand ich mich Anfang 2020 mit einer gewissen Neugierde im Sky-Restaurant eines Salzburger Hotels ein, um mich erstmals mit *claro*-Chef Josef Dygruber zu treffen, nachdem das Ansinnen an mich herangetragen worden war, ein Buch über die Geschichte dieses Unternehmens und seines Gründers zu verfassen.

Der scharfsinnigen Leserin und dem detailverliebten Leser wird nun sofort aufgefallen sein, dass ich von einer »gewissen Neugierde« schrieb, die man getrost als die kleine Schwester des brennenden Interesses bezeichnen kann. Denn noch war mir die Welt der kleinen Waschwürfelchen für Geschirrspüler außerhalb des häuslichen Gebrauches eine gänzlich unbekannte. Viel zu fremd vom Fachgebiet her und ziemlich weit weg von meinen sonstigen thematischen Vorlieben, um dafür gleich einmal leidenschaftlich zu entflammen. Und daran änderte auch dieses erste Beschnuppern zunächst wenig.

Anders verhielt es sich mit dem Menschen hinter der Firma. Der zog mich vom ersten gemeinsamen Espresso hoch über den Dächern Salzburgs an in seinen Bann, und auch wenn ich zu diesem Zeitpunkt noch nicht die geringste Ahnung hatte, wofür Tenside oder Enzyme in Geschirrspültabletten gut sein sollten, zeichnete sich schon bei diesem allerersten Treffen allein aufgrund der Persönlichkeit des Firmengründers eine hoch spannende Geschichte ab.

Die Geschichte eines Arbeiterkindes aus einfachsten Verhältnissen, das mit ziemlich eindeutigen Vorgaben für ein gelingendes Leben ins Erwachsensein entlassen worden war. Wie bei so vielen seiner Generation und Herkunft war dem Über-Ich das Mantra eingepflanzt worden, »es einmal besser zu haben« als die Generation vor ihm. Und »Sicherheit« war der zentrale Wert, der sich im Marschgepäck für diesen Weg befand. Umso spannender war Dygrubers Ausbruch aus dieser Prägung – hinein in ein hoch riskantes Leben als Selfmade-Unternehmer in einer Branche, in der Global Player wiederholt auf schmerzhafte Art die Ellbogen ausfuhren, um den aufmüpfigen neuen Mitspieler wieder loszuwerden.

Es ist aber auch die Geschichte der »Faszination Marke«, die ihren Gründer auch in schwierigen Phasen, deren härteste zum Überlebenskampf mit allen dazugehörigen

Sorgen und Existenzängsten geriet, niemals aufgeben ließ. Diese tief verwurzelte Sehnsucht, mit einer eigenen Marke einen bleibenden Wert zu erschaffen, prägt die gesamte, wechselvolle *claro*-Historie. Wie mühsam so ein Weg ist, welche Fallstricke lauern, wie lange es dauert, eine anfangs noch diffuse Sehnsucht in eine zielführende Strategie zu gießen, erfuhr ich erst in den vielen weiteren Gesprächen, die diesem ersten Treffen in Salzburg folgten. Aber es bestätigte, dass der erste Eindruck nicht getrogen hatte und diese Geschichte von so viel mehr handelte als der Produktion kleiner Waschwürfelchen.

Schließlich verdient der »grüne Faden«, der sich durch die Historie dieses Unternehmens und seines Gründers zieht, entsprechende Beachtung. Denn diese kleine österreichische Firma implementierte ökologische Verantwortung und Nachhaltigkeit bereits zu einer Zeit in ihr Tun, als diese Begriffe im Wirtschaftsleben noch keine oder bestenfalls eine untergeordnete Rolle spielten. Und es spricht für die Aufrichtigkeit Dygrubers, dass er diesen Punkt nicht nachträglich »begrünt«, um besser dazustehen, sondern offen zugibt, dass auch das ein Lernprozess war, der vieler Jahre und Erkenntnisgewinne bedurfte.

Jedenfalls war plötzlich aus meiner professionellen Neugierde eine sehr spezielle geworden, weil sich hier in Summe eine spannende Geschichte über die Wechselwirkung Mensch, Wirtschaft und Ökologie aufgetan hatte. Mit all ihren Verlockungen und Fallen, aber vor allem auch mit der Idee eines Weges zum symbiotischen Gelingen. Denn diese Geschichte zeigt, dass es kein Widerspruch sein muss, als Firmenlenker menschlich zu agieren, ein Unternehmen mit achtsamem Blick auf die Natur und ihre Ressourcen zu führen und kommerziellen Erfolg zu haben. Und zwar nicht trotzdem, sondern deswegen.

Es handelt sich hier gleichermaßen um die letztendlich erfolgreiche Geschichte eines in vielerlei Hinsicht erstaunlichen Unternehmens wie um die persönliche Entwicklungsgeschichte eines faszinierenden Menschen, der sich ein Ziel gesetzt und sich damit auf eine wechselvolle Berg- und Talfahrt eingelassen hat, die an manchen Punkten auch hätte schiefgehen können. Josef Dygruber spricht in großer Offenheit über alle Stationen, die unternehmerischen wie die persönlichen, und das macht dieses Buch nicht nur für Wirtschaftsaffine spannend, sondern auch zu einer auf mehreren Ebenen interessanten Entwicklungsgeschichte eines Menschen, der auszog, um mit seinem Tun Spuren zu hinterlassen.

Bleibt noch, Danke zu sagen. Vor allem Josef Dygruber, der so konsequent der Versuchung widerstand, Dinge in der Rückschau zu verklären, und der damit die Arbeit an diesem Buch auch für den Autor zu einer spannenden Forschungsreise in bis dahin unbekannte Gefilde gestaltete. Hanni und Sepp Dygruber danke ich dafür, dass sie das eine oder andere Fensterchen zu Kindheit und Jugend ihres »Buben« geöffnet haben, obwohl sie in der Regel nicht viele Worte machen. Marietta Dygruber dafür, dass sie einen Blick auf den Ehemann und Vater ihrer beiden Kinder Laura und Josef gestattete. Und schließlich dem ehemaligen Chef von *Miele* Österreich, Peter Graski, für interessante Einblicke in das Innenleben des Geschäftspartners, der schließlich zum engen Freund wurde.

10

Abschließend danke ich auch Anna-Magdalena Samardzic und Gerlinde Tiefenbrunner von *Benevento Publishing* für die gleichermaßen angenehme wie professionelle Zusammenarbeit.

Wolfgang Maria Gran
St. Pölten, im November 2020

NICHTS IST CLARO – ALLES CLARO

Gerade erst hatte der kleine Außenseiter im Ring ein wenig zu tänzeln begonnen; sich nicht respektlos, aber doch ganz schön frech in den Kampf eingebracht; erste leichte Körpertreffer bei den Gegnern gelandet, auch wenn diese eher als lästig, denn als schmerzhaft empfunden wurden. Aber es reichte immerhin, um zu bemerken, dass es da plötzlich jemanden gab, der zuvor nicht da gewesen war.

Und dann kam, für die ausgefuchsten Profis im Ring vorhersehbar, für den frechen Jungen aber wie aus dem Nichts, diese Gerade. Exakt auf die Kinnspitze. Die Sterne, nach denen er gegriffen hatte, tanzten nun vor seinen Augen, ehe es tiefschwarz wurde und der harte Aufprall auf den Brettern erfolgte. Ein Aufprall, der einerseits so richtig schmerzhaft war, der andererseits aber auch naive Träume aus dem brummenden Schädel beutelte und den ungetrübten Blick auf eine knallharte Realität frei machte.

Genau so erging es an einem Februartag des Jahres 2008 dem jungen Salzburger Unternehmer Josef Dygruber, der sich, nach seinem Abgang als Verkaufsleiter in der Österreich-Filiale des damals noch nicht mit der englischen Firma *Reckitt* fusionierten deutschen Waschmittelkonzerns *Benckiser*, 13 Jahre zuvor mit der Marke *claro* selbstständig gemacht hatte. Während ein großer Teil der Konsumenten damals noch Geschirrspülpulver verwendete, setzte der zu diesem Zeitpunkt erst 27-Jährige auf die kurz zuvor auf den Markt gekommenen Tabs und sah darin seine Chance, mit einer eigenen Marke in den Ring zu steigen. Einen Ring, den er zwar schon ganz gut kannte, aber bis dato nur von der relativ sicheren Seite aus, von der aus er den Kampf der langjährigen Profis zwar erste Reihe fußfrei mitverfolgt hatte, aber nur als Mitglied des Betreuerstabes. Jetzt wollte er nicht mehr nur gute Ratschläge erteilen, sondern selbst mitfighten.

Diese Profis, das waren im deutschsprachigen Raum Dygrubers ehemaliger Arbeitgeber *Reckitt Benckiser* mit der Marke *Finish*, die damals hierzulande noch *Calgonit* hieß, und die *Henkel AG* mit der Marke *Somat*. Beide beschäftigen Zehntausende Mitarbeiter und erwirtschaften Umsätze im deutlich zweistelligen Milliardenbereich. Dem gegenüber stand *claro*, das nach den ersten 13 Betriebsjahren mit drei Dutzend Mitarbeitern einen Jahresumsatz von 15,8 Millionen Euro generierte. Außerhalb des deutschen Sprachraums, wo Dygruber schon einige Jahre nach der Firmengründung ebenfalls erste Gehversuche wagte, kamen mit multinationalen Konzernen wie *Procter & Gamble* mit der Marke *Fairy* oder *Unilever* mit *Sun* Giganten als Mitbewerber dazu, deren Jahresumsätze sich aktuell im Bereich von 50 Milliarden Euro bewegen.

Da piepste also gewissermaßen eine Micky Maus rotzfrech eine Elefantenherde an.

Blaue Augen hatte sich Dygruber schon in den Anfangsjahren immer wieder einmal geholt, aber mit dem Niederschlag im Februar 2008 drohte ein schwerer K. o. Ausgeführt wurde dieser Treffer von der deutschen *Stif-*

tung Warentest, der 1964 in Berlin gegründeten gemeinnützigen Verbraucherorganisation, die Waren und Dienstleistungen aus allen möglichen Bereichen vergleichend unter die Lupe nimmt. Ihr Urteil kann ein Unternehmen in hellem Glanz erstrahlen lassen, aber auch in ernsthafte Schwierigkeiten bringen. Weit mehr als 6000 verschiedene Tests, vom Schokoriegel bis zur Sicherheit von Fußballstadien, machten die Prüfer dieser Stiftung von ihrer Gründung bis heute; in diesem Februar 2008 veröffentlichten sie ihren Testbericht über Geschirrspültabs.

Josef Dygruber und sein Chemiker und technischer Leiter Erich Fabianitsch, die das Unternehmen 1995 aus dem Boden gestampft hatten, waren mit ihren *claro*-Tabs erstmals dabei und eigentlich guter Dinge. In Österreich hatte man es bei den großen Handelshäusern nach etlichen Anläufen in die Regale geschafft, in Deutschland war kurz vor dem großen Testbericht ein spektakulärer Deal mit der Drogeriemarktkette *dm* gelungen. Außerdem hatte man als erster und bis zu diesem Zeitpunkt einziger Anbieter auf dem Markt die Tabs in wasserlöslicher Folie verpackt und damit aus ökologischer Sicht einen gewaltigen Pionierschritt getan.

Doch statt sich dafür bei *Stiftung Warentest* einen Ritterschlag abzuholen, schritten die Österreicher schnurstracks ihrer eigenen Hinrichtung entgegen. In der Regel werden die Headlines ja den strahlenden Siegern gewidmet, aber diesmal gehörte alle Aufmerksamkeit in fetten Lettern dem Newcomer: »Nichts ist Claro« lautete das vernichtende Urteil der Tester schon im Titel, und im Text kam es noch viel dicker. Da war von »Totalausfall« und »teurem Flop« die Rede, und wenn man bei so vielen schallenden

Ohrfeigen überhaupt noch in der Lage ist, die schmerzlichste zu definieren, dann war das in diesem Moment wohl das Desaster mit der vermeintlichen Trumpfkarte, der wasserlöslichen Folie. Der Test der Lagerfähigkeit der Geschirrspültabletten fand nämlich bei hoher Temperatur und Luftfeuchtigkeit statt, und da hatte man bei *claro* die hygroskopischen Eigenschaften der neuen Folie für einen Test unter solchen Bedingungen nicht ausreichend bedacht. Jedenfalls blieben von den brandneuen, innovativen 7-in-1-Tabs, mit denen man die übermächtigen Konkurrenten vor sich hertreiben wollte, nur noch »1-in-1-Knödel« übrig, weil die Folie alle Feuchtigkeit gebunden und die Tabs in undefinierte Klumpen verwandelt hatte.

Und damit hieß es für die Österreicher: Nicht genügend. Setzen.

Da saßen sie nun völlig zerknirscht in der kleinen Firma in Mondsee, Josef Dygruber und sein Chemiker Erich Fabianitsch, und fühlten sich auch wie Schüler, die zwar brav gelernt hatten, aber trotzdem mit einem Fünfer nach Hause gekommen waren: »Es war mit Sicherheit die schwärzeste Stunde«, sagt Dygruber heute. Eine Stunde, in der er fast froh war, dass sein Kollege aus dem Labor, der mit ihm einst bei *Benckiser* gearbeitet und dort die Entwicklungsabteilung geleitet hatte, noch eine Spur geknickter wirkte als er selbst: »So konnte ich ihn ein wenig aufrichten, ihm Hoffnung machen und Mut zusprechen – und das hat wiederum auch mir geholfen, nach diesem Niederschlag wieder aufzustehen.«

Denn natürlich kam auch beim Firmenchef dieser erste Reflex hoch, dass man Opfer einer großen Ungerechtigkeit geworden wäre und die Tester auch andere Möglichkeiten gehabt hätten, als eine Headline wie die scharfe Klinge einer Guillotine auf jemanden herabsausen zu lassen, der zu dieser Zeit gerade einmal 0,4 Prozent Marktanteil in Deutschland hatte: »Das wurde ja auch im Internet veröffentlicht, und da war es dann noch sehr, sehr lange so, dass du ›claro‹ eingegeben hast und sofort auf ›Nichts ist Claro‹ gestoßen bist. Hilfreich war das nicht«, erinnert sich Dygruber.

Aber es reichte auch nicht für einen finalen K. o., denn noch mit dem niederschmetternden Testergebnis vor Augen gab der *claro*-Chef seinem Chemiker Fabianitsch ein Versprechen: »Ich weiß, was du kannst, ich glaube fest an uns und sage dir: So etwas wird uns nie wieder passieren. Und auch wenn es eine Weile dauern wird, sage ich dir schon heute: Eines Tages werden wir Testsieger sein.« Als ihn der väterliche Freund daraufhin einen Träumer nannte, kam das bei Josef Dygruber quasi als Arbeitsauftrag an. Denn wer, wenn nicht der Chef selbst, sollte kühne Träume entwickeln und deren Umsetzung vorantreiben.

Zugute kam ihm dabei eine Fähigkeit, die unter anderem den durchschnittlichen vom außergewöhnlichen Unternehmer unterscheidet: Niederlagen und Rückschläge nicht lange zu beklagen und die Schuld im Außen zu suchen, sondern unverzüglich und ohne Umwege in die schonungslose Selbstanalyse zu gehen. Dabei gingen dem Salzburger gleich mehrere Lichter auf. Das Test-Desaster mit der wasserlöslichen Folie hatte ihm zwar in der Bewertung das Genick gebrochen, Dygruber musste sich aber auch andere, zunächst schwer verdauliche Faktoren eingestehen: »Unser Produkt war zwar von der Reinigungsleistung her gut, aber in Bereichen wie Glanztrocknung oder Belagsbildung, also in vielem, das von einem Multi-Tab verlangt wurde, waren wir noch meilenweit von den großen Mitbewerbern entfernt. Das mussten wir uns damals, zähneknirschend, aber doch, eingestehen.«

Zwei entscheidende Erkenntnisse nahm der Selfmade-Unternehmer aus diesen stockfinsteren Stunden mit: dass die Performance seines Produktes noch lange nicht dort war, wo sie zu sein hatte, um mehr als eine Sternschnuppe zu werden. Und dass er sich schleunigst mit den Regeln des Spiels vertraut machen musste, nach denen die Großen der Branche spielten, denn das Blauäugige hatte er nun im übertragenen wie wörtlichen Sinn hinter sich gebracht. Selbstverständlich saßen nämlich zum Beispiel Vertreter der großen Konkurrenten in jenem Fachbeirat von *Stiftung Warentest*, der unter anderem bei der Auswahl von Testkriterien beratend tätig ist. Und der Unterschied, ob man aus der Ferne ein Liedlein nachpfeifen konnte, oder selbst in irgendeiner Form dort präsent war, wo die Musik spielte, war Josef Dygruber nun überaus schmerzlich bewusst geworden: »Dabei ging es überhaupt nicht um Beeinflussung, sondern darum, besser und schneller informiert zu sein und auf manche Dinge reagieren zu können, bevor man eine böse Überraschung erlebt.«

Ihm wurde nun auch nachträglich klar, dass die zunächst schmeichelhafte Einladung zum Essen ins noble Salzburger *Schloss Aigen*, die der damalige Boss eines Mitbewerbers ausgesprochen hatte, nicht der unbestreitbaren Tatsache geschuldet war, dass Dygruber ein interessanter und sympathischer Gesprächspartner war. Sondern dass es hier in erster Linie um den Versuch gegangen war, in vermeintlich jovialer Atmosphäre mehr über das Innenleben und die Pläne einer kleinen Firma zu erfahren, die mit dem 7-in-1-Tab soeben dem 5-in-1-Modell eines Großkonzerns frech aufgefahren war.

Kurz: Der letzte Platz bei *Stiftung Warentest* animierte Josef Dygruber zu einer längst notwendigen Aufholjagd in Menschenkenntnis, Business-Regelkunde, vor allem aber zu einer deutlichen Schärfung der Zielperspektiven für seine eigene Marke. Mit diesem Fünfer im Zeugnis büffelte er von dieser Stunde an wie ein Besessener, um *claro* vom Sitzenbleiber zum Musterschüler zu machen. Denn da verstand Josef Dygruber überhaupt keinen Spaß. Diese Marke war für ihn im wirtschaftlichen Sinn wie ein Kind, für dessen Wohlergehen er sich verantwortlich fühlte. Und dieses Kind war mit 13 Jahren, wenn man so will, mitten in der Pubertät, von außen als »Totalversager« abgestempelt worden. Das konnte Josef Dygruber so auf keinen Fall stehen lassen.

Zeitensprung: Am 24. Oktober 2019 bestieg der *claro*-Chef in Salzburg ein Flugzeug, um mit seinen Chemikern am Kongress der SEPAWA in Berlin teilzunehmen, der 1954 in Ludwigshafen am Rhein gegründeten Vereinigung der Seifensieder, Parfümeure und Waschmittelfachleute. Hier trifft sich jedes Jahr alles, was in diesem Metier Rang und Namen hat. Aber leicht nervös war Dygruber aus einem anderen Grund. Wieder einmal stand nämlich das Jahreszeugnis der Warentester an, und nach der Landung steuerte er deshalb unverzüglich noch am Flughafen den nächsten Zeitungskiosk an, um das neue Magazin von *Stiftung Warentest* zu erwerben. Erwartungsvoll blätterte er sich bis zu Seite 63 durch, und da stand es dann in fetten Lettern:

»Alles Claro.«

Was Josef Dygruber seinem inzwischen bereits in Rente gegangenen Chemiker Erich Fabianitsch im Februar 2008 mehr aus Verzweiflung und Mitgefühl, denn aus Überzeugung versprochen hatte, war nun tatsächlich wahr geworden. *claro* war Testsieger bei *Stiftung Warentest*, und wo noch elf Jahre zuvor »Flop« und »Totalversager« gestanden war, konnte man nun lesen: »Sauber spülen und zugleich die Umwelt schonen – das ermöglicht nur eins der 19 getesteten Pulver und Tabs. Sein Name: Claro Classic.« Eine riesige Schmach war nicht nur getilgt, sondern in einen Triumph umgewandelt. Der Verspottete aus der Eselsbank war zum gefeierten Klassenprimus mutiert.

Der Kiosk-Betreiber staunte nicht schlecht, als ihm der Kunde aus Österreich gleich noch zwei Magazine abkaufte und ihn dann auch noch bat, ein Handyfoto zu schießen. Diesen Moment wollte der *claro*-Gründer einfach für alle Zeiten festhalten, und zwar diesmal nicht als Vermarktungsgenie in eigener Sache. Das war jetzt eine echte Herzensangelegenheit. Das »Kind« war nicht nur auf ganzer Linie rehabilitiert, es hatte all jene hinter sich gelassen, die es ein paar Jahre davor noch gehänselt und geringschätzig belächelt hatten. Den Auftrag für den später im deutschen Fernsehen gesendeten Werbespot mit der Botschaft, dass Deutschlands beste Geschirrspültabs aus Österreich kommen, hatte er in diesem Moment noch nicht im Kopf. Später aber bereitete ihm dieser umso größeres Vergnügen.

Und noch bevor der glückstrahlende Dygruber an diesem 24. Oktober 2019 in der Messehalle die nicht enden wollenden Gratulationen von Kollegen und Rohstofflieferanten entgegennahm, tippte er rasch eine Nachricht an seinen Mann der ersten Stunde, Chemiker Fabianitsch, ins Telefon, der kurz davor seinen 70. Geburtstag gefeiert hatte: »Lieber Erich, fast hätte ich dein Geburtstagsgeschenk vergessen. Wir haben gewonnen!«, schrieb er dem Weggefährten, mit dem er diesen beglückenden Augenblick teilen wollte. Denn Menschen, die treu und loyal an seiner Seite stehen und so hart für seine Träume zu arbeiten bereit sind wie er selbst, vergisst der *claro*-Gründer nie: »Erich hat für mich immer einen fixen Platz, auch wenn er inzwischen nicht mehr dabei ist. Aber er hat mit mir diese Firma aufgebaut, und wir haben gemeinsam die Basis für Erfolge gelegt.«

Was war aber nun in diesen elf Jahren geschehen, die zwischen der bittersten Niederlage und dem größten Triumph der Marke *claro* und ihres Begründers lagen?

Technische Entwicklung? Natürlich, denn Geschirrspültabs waren im Unterschied zur Gründungszeit der kleinen Firma mittlerweile längst Standard geworden, und wer da mit der Performance in allen dafür wichtigen Segmenten nicht mithalten konnte, stand von vornherein auf verlorenem Posten. Und eine deutlichere Aufforderung, sich auch im Labor um die noch vorhandenen Schwachstellen zu kümmern, als den letzten Platz im Test von *Stiftung Warentest* hätte es auch nicht geben können. Dieses Nachsitzen absolvierte man bei *claro* aber mit maximaler Ernsthaftigkeit, und die Schwächen waren bald ausgemerzt.

Unternehmerische Entwicklung? Gewiss, denn Josef Dygruber machte bei den Fehleranalysen nicht nur nicht halt bei sich selbst, sondern er widmete sich diesem Punkt stets mit der allergrößten Aufmerksamkeit. Er lernte in einem mühsamen Prozess, nicht mehr alles in die eigenen Hände zu nehmen, sondern auch zu delegieren. Er ging dazu über, nicht jeden anstehenden Entwicklungsprozess im stillen Kämmerlein in nur einem, nämlich dem eigenen Kopf durchzuspielen, sondern sich an markanten Punkten, die wichtige strategische Entscheidungen erforderten, den Rat eines kleinen, aber umso feineren Kreises an Beratern einzuholen. Er erweiterte auf diese Art also auch das Spektrum der Perspektiven, denn ausschließlich die eigene hatte ihn nicht nur schon relativ früh ein respektables Stück weit auf die Straße des Erfolges, sondern auch auf so manchen Holzweg geführt. Und er absolvierte als bereits gestandener Unternehmer nebenher ein Masterstudium, um sich nachträglich mit dem theoretischen Unterfutter für seine Tätigkeit als Firmenchef und Markengründer auszustatten.

All das passierte, und all das war wichtig und notwendig. Aber letzten Endes waren zwei Faktoren die entscheidenden, die sogar in Zusammenhang miteinander standen. War es Dygruber speziell in der schwierigen Anfangszeit, in der er einerseits belächelt, zur selben Zeit aber auch bereits mit harten Bandagen bekämpft worden war, noch wichtig gewesen, es als furchtloser David den Goliaths der Branche zu zeigen, relativierte sich dieses Spielfeld zunehmend. Er hatte nie verstanden, wieso der eine oder andere Großkonzern Energie darauf verwenden konnte, einen so überschaubar kleinen Mitstreiter auch noch abseits der Handelsregale zu bekämpfen. Aber ihm wurde mit der Zeit auch bewusst, dass er, um ein guter David zu sein, gar keinen Goliath als Feindbild brauchte. Kurz: Josef Dygruber lenkte seine ganze Energie und Kreativität weg von diversen Scharmützeln hin zur eigenen Marke, die immer etwas ganz Besonderes werden sollte, es objektivierbar aber erst durch den Prozess wurde, der nach dieser Schmach im Jahr 2008 in Gang gesetzt wurde.

Ein wichtiger Teil dieses Prozesses war, dass sich *claro* nicht nur hinsichtlich der Verpackung als »grünes« Produkt präsentierte. Ein ökologischer Vorreiter zu werden, der Innovationen nicht nur hervorbringen, sondern mit diesen auch Produktgeschichte schreiben und, um sie quasi allgemeingültig zu machen, das Marktumfeld verändern konnte, wurde zu einer zentralen Zielvorgabe der Marke – parallel zur Auflage, bei den Basics im Spitzenfeld zu performen.

»Grün. Aber gründlich« war ein Werbeslogan für das Außen, der aber nun im Inneren als Firmenphilosophie in einer Weise verankert wurde, die viel mehr war als ein wohlklingendes und nützliches Öko-Mascherl. Es wurde zur Seele des kleinen David, der zwar immer noch mit den Goliaths im Ring stand, für sich aber die Regeln des Kampfes geändert hatte. Einfach nur größer werden zu wollen, war ja als Ziel recht und schön gewesen, aber wofür? Damit man den Riesen statt bis zu den Zehennägeln bis zu den Knöcheln geht? Also besann man sich bei *claro* der Vorteile des Kleinseins – kurze Entscheidungswege, kreative Freiheit und rasche Reaktionsgeschwindigkeit, und all das gebündelt, um die Kernkompetenz zu stärken. Womit man sich von den großen Mitbewerbern abheben, gleichzeitig ein eigenes Spielfeld eröffnen und dabei ja trotzdem auch den einen oder anderen Meter wachsen konnte.

Ein junger Mann mit riesigen Ambitionen, aber noch kleiner Erfahrung im großen Spiel der Kräfte, war nur teiltrainiert in den Ring gestürmt, in dem in jeder Ecke eine Überraschung lauerte, und wollte sich entschlossen, aber ungestüm durchboxen. Es brauchte viele Jahre in der Lebens- und Unternehmerschule, um zu erkennen, dass ein gezielter, richtig gesetzter Treffer mehr brachte als all das aufgeregte Fuchteln. Diesen Treffer hatte Josef Dygruber nun kurz vor seinem 25-jährigen Firmenjubiläum im Jahr 2020 angebracht.

Dazu brauchte es einen langen Atem und eine ganz spezielle Persönlichkeit. Wie und woraus sich diese entwickelte, welche Hürden es von »Nichts ist Claro« bis zu «Alles Claro« zu überwinden gab, darüber geben die folgenden Kapitel Aufschluss. Denn auch wenn die Geschichte des Josef Dygruber nicht in einer goldenen Wiege ihren Anfang nahm, begann vieles, was später folgte, in der Abgeschiedenheit des kleinen Salzburger Dorfes Adnet.

WENIG GELD, VIEL NATUR

Bei aller Liebe zu diesen reizenden Tierchen steht eines fest: Laubfrosch und Sumpfkehlchen allein hätten den Bekanntheitsgrad dieses 3600-Einwohner-Dorfes im Bezirk Hallein im Bundesland Salzburg höchstwahrscheinlich innerhalb der Ortsgrenzen gehalten. Denn der keltische Name *Atanate*, übersetzt »Sumpf«, verrät schon, warum sich oben erwähnte Tiere bis heute so gern im Moos der kleinen Gemeinde aufhalten. Dass das Dorf Adnet aber weit über die Grenzen Österreichs hinaus ein Begriff ist, liegt am »roten Gold«, das hier schon seit der Zeit der Römer abgebaut wird – dem Adneter Marmor, der nach den strengen Gesetzen der Mineralogie aber eigentlich lediglich ein bunter, sehr gut polierfähiger Kalkstein ist, aber aus historischen Gründen Marmor heißen darf.

Wie würde das auch klingen, wenn etwa die Mariensäule in München oder das Grabmal von Kaiser Friedrich III. im Wiener Stephansdom plötzlich nicht mehr aus Adneter Marmor sein dürften? Oder gar die 24 Säulen im Parlamentsgebäude in Wien? Knollenkalk-Säulenhalle? Das ginge ja gar nicht – und wäre auch überhaupt nicht nötig, weil dieses wunderschön marmorierte Gestein aus den Adneter Steinbrüchen aussieht wie Marmor, sich anfühlt wie Marmor und, wenn man so will, eine etablierte Marke ist. Da kann irgendein gestrenger Gesteinsprofessor schon einmal ein Auge zudrücken.

Aber lassen wir die mineralogischen Spitzfindigkeiten und bleiben bei den 24 Säulen für das Parlamentsgebäude in der österreichischen Bundeshauptstadt. Die bestehen aus dem sogenannten »Rotgrau Schnöll« von den Adneter Marmor-Steinbrüchen. Einer der Arbeiter, die damals um 1870 damit beschäftigt waren, das tonnenschwere Gestein abzubauen und dann mit Pferdegespannen zum Bahnhof Hallein zu bringen, von wo es mit der Eisenbahn nach Wien verfrachtet wurde, hieß Kaspar Seywald und war der Urgroßvater von Josef Dygruber. Der saß ziemlich genau 100 Jahre später mit Kaspar Seywald Junior, seinem Opa, in der Wandschützenhütte oberhalb der Kirchenbruchwand und lauschte als Fünfjähriger mit gespitzten Ohren den Geschichten aus dieser fernen Zeit. Aber dazu später.

Anfang der 1960er-Jahre kam ein junger Mann namens Josef Dygruber aus St. Martin am Tennengebirge nach Adnet, weil er dort bei einem Baustoffhändler Arbeit fand und mit einem Lkw Ziegel und Kohlen ausfuhr. Als eines von sieben Kindern einer Bauernfamilie, die finanziell hart zu kämpfen hatte, war er schon sehr früh ins Arbeitsleben geschubst worden: »Ich war 14 und hatte meinen letzten Schultag«, erinnert sich der Vater des *claro*-Gründers, »und gleich am nächsten Tag habe ich bei einem Bauern auf einer Alm zu arbeiten begonnen.« Das Frühstück am Morgen seiner Abreise war die letzte Begegnung mit seiner Familie für zwei Jahre, denn so lange durfte er nicht mehr nach Hause fahren. Dort oben auf der Alm, wo sein Arbeitgeber neben der Landwirtschaft auch eine kleine Pension betrieb, wurden Arbeitszeitregelungen, wie sie unten im Tal galten, vom Winde verweht, und der Bub hatte eine Sieben-Tage-Woche. 52 Wochen lang. Und dann gleich noch einmal so lang.

Aber daheim linderte ein Esser weniger den Trennungsschmerz, und oben auf der Alm lernte ein junger Bursche auf die rustikale Art, dass man sich nicht beklagt, sondern zupackt, wenn man Arbeit gefunden hat. Statt am Sonntag heim zur Familie zu dürfen, wurde er nach dem Kirchgang eingeteilt, Speiseeis zu rühren, damit die zahlenden Gäste am Nachmittag etwas Süßes zu schlecken hatten. Und wenn er heute, als 82-jähriger Mann, erzählt, dass ihm das eigentlich gar nichts ausgemacht hätte, weil er dabei ohnehin heimlich auch das eine oder andere Löffelchen stibitzt hatte, bleibt einem zunächst einmal der Mund offen, wie man gnadenlose Ausbeutung in der Retrospektive fast schon romantisch verklären kann.

Doch man darf dabei nicht vergessen, dass das in einer Zeit passierte, in der speziell in ländlichen Regionen die Herren-Knecht-Mentalität längst nicht ausgestorben war und Josef Dygruber mit seinen erst 14 Jahren glauben musste, dass die Arbeitswelt eben so aussah. Und auch, wenn sich später die Arbeitsumstände ändern, wirkt eine derartige Prägung lang, manchmal ein Leben lang nach. Sie gebiert dann oft besonders fleißige Menschen, die aber gründlich gelernt haben, die eigene Befindlichkeit hintanzustellen.

Als Dygruber nach Adnet kam, lernte er dort 1964 die Bauerntochter Johanna Seywald kennen, und spätestens nach einer gemeinsamen Schlittenfahrt war für ihn klar, wohin die Reise mit der feschen jungen Dame gehen sollte.

Die hätte hingegen lieber noch ein Weilchen gewartet mit dem Heiraten, weil sie sich mit 22 Jahren dafür zu jung fühlte und noch eine Menge Träume im Kopf hatte. Aber der Brautwerber hatte offenbar ziemlich gute Argumente, und so sausten Hanni und Sepp nicht lange nach der rasanten Schlittenfahrt auch in den Hafen der Ehe. Schon 1965 begann das Paar mit dem gemeinsamen Hausbau, und am 27. November 1967 kam im alten Bürgerspital in Hallein mit Sohn Josef ein zusätzlicher »Reisebegleiter« für das junge Paar dazu.

Drei Jahre blieb Johanna beim Buben daheim, aber weil die Eheleute für den Hausbau jeden Schilling brauchten, ging sie danach wieder arbeiten. Mittlerweile waren beide Eltern in der Papierfabrik Hallein beschäftigt, und sie teilten sich ihre Schichten so ein, dass immer einer von ihnen beim kleinen Josef war. Das klappte meist reibungslos, aber nicht immer, denn es galt ja, logistisch eine Stunde zu überbrücken, in der die eine schon weg und der andere noch nicht da war von der Arbeit. Und so sah die Mutter eines Abends, als sie sich dem Haus näherte, den Buben mit nassgeweinten Augen am Fenster – er war noch einmal wach geworden und hatte seine Eltern gesucht. Ein Moment, der ihr noch ein halbes Jahrhundert später immer wieder einen Stich versetzt, wenn die Rede darauf kommt: »Ich habe gespürt, dass das nicht gut ist – und das alles nur wegen des blöden Geldes. Aber als er gemerkt hat, wie nah mir das geht, hat er sofort gesagt: ›Mama, sei nicht traurig, ich pack' das schon.‹«

Eine aus heutiger Sicht für Josef Dygruber typische, aber damals bemerkenswerte Reaktion, denn verstanden hatte es der Bub damals noch nicht, warum andere Mütter bei ihren Kindern waren, seine Mama aber immer wieder wegmusste. Aber Josef war ein Kind, das, wie es Johanna Dygruber ausdrückt, stets »gut zu haben« war. Freundlich, fröhlich, ohne Eklats. Woran sein Vater aber auch einen großen Anteil hatte, denn der übernahm eine für einen Mann in der damaligen Zeit noch nicht so selbstverständliche Rolle – die des Papas, der viel Zeit für das Kind hat. Er nahm mit dem Buben Gedichte auf Kassettenrekorder auf, die der für die Schule lernen musste, und übte sie mit ihm, er lernte und spielte mit seinem Sohn, genoss aber auch etwas, für das es diesen Begriff damals noch nicht gab: das gemeinsame Chillen. Dabei verschwanden eines Tages im Advent sämtliche für Weihnachten gedachten Kekse, weil während des gemeinsamen Couch-Kuschelns einmal der große und einmal der kleine Josef in die nicht gut genug versteckten Dosen nachfassen ging.

Josef Dygruber erlebte eine Kindheit, die trotz deren beruflicher Absenzen von viel Zuwendung beider Elternteile geprägt war, was gewiss auch damit zu tun hatte, dass er ein Einzelkind blieb: »Ein zweites wäre unter diesen Umständen nicht gegangen, da wäre es aus gewesen«, bringt der Vater die finanzielle und organisatorische Gratwanderung dieser Jahre drastisch auf den Punkt. Eine Kindheit, die aber auch davon bestimmt war, dass jeder Schilling vor dem Ausgeben zwei- bis dreimal umgedreht wurde, auch wenn speziell die Mutter im Rahmen der Möglichkeiten großzügig war: »Die Mama hat immer gesagt, lieber einmal etwas G'scheites kaufen, als dreimal einen billigen Blödsinn«, erinnert sich Dygruber. Und da war es gut, dass diesen Part die Mutter überhatte, denn mit dem Vater wäre es wahrscheinlich genau umgekehrt gelaufen.

Die Dygrubers waren nicht arm, aber der Gürtel war eng geschnallt. Sie waren nicht geizig, aber notgedrungen sparsam. Und dem Buben fehlte es an nichts, aber das verhinderte nicht das damals wehmütige Schielen auf andere, die im Vergleich zu ihm mit Geschenken regelrecht überschüttet wurden. Er sagt heute aus voller Überzeugung, dass die Art, wie er aufgewachsen war, die bessere Lebensschule gewesen sei, dass er von seinen Eltern viel Wichtigeres mitbekommen hätte als materielle Güter, nämlich moralische Unterstützung in allen Lebensbereichen und einen stabilen Wertekatalog. Dem Kind konnte sich das in der Form noch nicht erschließen, und deshalb sah es sich doch in manchen Situationen im Vergleich zu anderen ein wenig leid.

Aber eben nur ein wenig, denn im engen Rahmen der bescheidenen Möglichkeiten taten die Eltern alles, um ihrem Sohn nicht nur Werte für später, sondern auch Wertigkeiten für das gerade aktuelle Jetzt bereitzustellen. So hatte Josef schon mit zwölf Jahren eine Skitouren-Ausrüstung und erklomm mit den Eltern den Schlenken, den Hausberg in Adnet. Und mit 14 konnte er mit eigenem Surfbrett auf dem Wiestalstausee bei günstigen Winden die Mädchen beeindrucken. Solche Dinge bescherten ihm damals, oberflächlich betrachtet, nicht zu verachtende Punktesiege bei Gleichaltrigen. In den tieferen Schichten aber sorgte das auch für eine starke Verwurzelung mit seiner Heimat, weil all das in der prächtigen Natur rund um Adnet stattfand. Und heute als über 50-Jähriger weiß Josef Dygruber, dass es auch diese Erlebnisse waren, die ihn dazu brachten, sein Heimatdorf nie zu verlassen.

Denn schon in seiner Kindheit war dieser Bub auch mit Dingen nachhaltig zu beeindrucken, die rein gar nichts mit

Materiellem zu tun hatten, und da kommt wieder der eingangs erwähnte Großvater Kaspar Seywald ins Spiel. Der hatte es sich zur Angewohnheit gemacht, den kleinen Sepp nach dem Kindergarten und später der Volksschule auf seinem Puch-VS-50-D-Moped zur Wandschützenhütte mitzunehmen. Er war Obmann dieses traditionsreichen Böllerschützenvereins und kümmerte sich um die Hütte, die als Heimstätte diente.

Ist das Böllerschießen heute nur noch Brauchtum an den sogenannten Prangertagen wie etwa Fronleichnam, war es früher ab Mitte des 18. Jahrhunderts ein Wetterschießen, um Hagelwolken zu vertreiben. Und das passierte auf dieser Felswand hoch über Adnet, woher sich auch der Vereinsname ableitet. Mit dem Großvater in diese Hütte mitzufahren, war für den jungen Sepp ein Kindheitshighlight. Dort oben tat sich nicht nur ein Blick auf, der das Dorf unten im Tal wie ein kleines Lego-Bauwerk erscheinen ließ, sondern da war alles voller Geschichten und Geheimnisse. Stundenlang konnte der Bub die an die Hüttenwand gehefteten Partezettel verstorbener Mitglieder studieren und dem Opa Löcher in den Bauch fragen, wer diese Männer gewesen waren und was sie in ihrem Leben getan hatten.

Und wenn der Großvater die Falltür im Boden öffnete, um aus dem Erdkeller Apfelsaft für den Enkel zu holen, war das für den Buben ein ums andere Mal ein besonderes Erlebnis:»Du trinkst nichts anderes als Saft, aber in diesem Moment ist das für ein Kind der weltbeste Apfelsaft«, gerät Dygruber auch noch als gestandener Mann und Firmenchef ins Schwärmen. Es waren für ihn damals wohl die Momente, in denen seine Fantasie unbegrenzten Auslauf hatte, und als der Opa eines Tages sagte:»Komm mit, jetzt wirst du verewigt«, und in einen Marmor-Findling ritzte:»JD 1973«, hatte der damals knapp Sechsjährige das Gefühl, eine kleine Berühmtheit zu sein, der gerade ein Denkmal gesetzt worden war.

Für eine Berühmtheit hielt er übrigens auch den Großvater, denn oben in der Wandschützenhütte verkehrte das eine oder andere Mal auch Alt-Landeshauptmann Wilfried Haslauer, und eines Tages kam sogar jemand von Radio Salzburg, um anlässlich eines Jubiläums den Opa zu interviewen. Und dabei zeigte sich, wie sehr der kleine Mann alles rund um diese Hütte und die spannenden Geschichten der Schützen in sich aufgesogen hatte. Als der Journalist fragte, wann der Wandschützenverein gegründet worden war und der Großvater kurz zögerte, schoss es aus dem Kind heraus:»1745«.

Die Bergtouren, das Schwimmen und Surfen im Wiestalstausee, die Erlebnisse mit dem Großvater auf der Hütte, die mit ausgedehnten Streifzügen durch den Wald verbunden waren – all diese prächtigen Kulissen der Natur bescherten dem heranwachsenden Josef Dygruber Kindheits- und Jugenderlebnisse, über die er noch heute gerne spricht:»Kindheit, das war für mich eine Herkunft, das war für mich auch die Natur, die mich umgibt, und da war es schon ganz gut, dass ich materiell nicht überhäuft worden bin, weil ich meine Bezugspunkte so in den Erinnerungen daran habe, was ich als Kind erlebt habe.«

Aber ein Dorfleben hat ja beileibe nicht nur Idylle zu bieten. Hier ist nicht nur Nähe zu spüren, sondern auch Enge. Hier wird nicht nur angeregt geplaudert, sondern auch missgünstig getratscht. Und hier kann man vertraute

Abläufe auch als eintönige Routine empfinden. Es können ganz schön die Funken spritzen, wenn die Macht des Beharrens auf die Macht der Bewegung trifft in so einem überschaubaren Miteinander.

Und wenn dann einer ausschert aus dem gewohnten Trott wie Josef Dygruber, hält sich die Zahl jener in engen Grenzen, die nach dem überraschenden Ausstieg aus einem programmierten Lebensweg als biederer Angestellter zum mutigen Schritt in eine neue Richtung als risikobereiter Unternehmer gratulieren: »Als er mit *claro* angefangen hat, haben die Leute schon überwiegend gesagt: Das wird er nicht schaffen«, erzählt sein Vater: »Sogar die von der Bank, in der er am Anfang gearbeitet hat.«

Zumal das ja einer tat, den man bis dahin nicht einmal ansatzweise als revolutionären Charakter, als wilden, unkonventionellen Hasardeur wahrgenommen hatte. Josef Dygruber bezeichnet Handlungen als Kindheits- und Jugendstreiche, die bei jedem etwas aufmüpfigeren Heranwachsenden als Bewerbungen für ein Extra-Sterndel in Betragen durchgehen würden. Eine nicht gegessene Jause im Schnee vergraben, ein scheues Busserl im Kindergarten für den Schwarm Gertraud, später einmal ohne Führerschein mit dem Moped fahren und dann beim Gendarmen auch noch sofort zugeben, dass man keinen hat: Mit so einem »Sündenregister« hätte er bei der Raiffeisenbank große Karriere gemacht, wenn er denn dabeigeblieben wäre und nicht diese Idee mit den Geschirrspültabs entwickelt hätte.

Dieses Wagnis riskierte aber auch einer, dem die Ambivalenz seines kleinen, feinen Bezugs- und Rückzugspunktes Adnet früh bewusst wurde. Wobei es dabei gar nicht so sehr um dieses Dorf im Speziellen ging, sondern um ein strukturelles Phänomen von Gemeinschaften dieser Ausprägung:»Ich habe zunehmend bemerkt, dass ich eigentlich immer derselbe geblieben bin, aber meine Umgebung sich verändert hat – je nachdem, was ich gerade getan habe.« Was für andere um ihn herum durchaus beglückender Lebensinhalt sein konnte, nämlich das Wiederholen festgelegter Rituale in einer immer gleichen Schleife, hätte ihm das Gefühl gegeben, sich mit etwas bescheiden zu müssen. Es hätte seine Kreativität und seinen Entdeckergeist in Ketten gelegt, und damit hätte er möglicherweise funktionieren, aber niemals sinnerfüllt leben können.

Als er in der ersten Klasse der Handelsakademie die Schule schmeißen wollte, nahm ihn sich sein Vater zur Brust und sagte:»Mach das weiter, schau, dass du die Matura schaffst, weil ohne die bist du ein Leben lang der Depp.« Wäre das damals von der Mutter gekommen, wer weiß, wie er reagiert hätte, denn von ihr hätte er so einen Ordnungsruf erwartet. Aber ausgerechnet vom Vater? Von diesem fleißigen, aber passiv so vieles erduldenden Mann, der nun plötzlich auf eine Art initiativ wurde, die jeden Widerspruch im Keim erstickte und den jungen Mann zum Nachdenken brachte. Es war dies ein ganz entscheidender Impuls für Josef Dygrubers später so oft gezeigte Fähigkeit, niemals aufzugeben.

Und als ihm später einmal in der Schule in Rechnungswesen ein »Nicht genügend« drohte, er dann aber bei der alles entscheidenden Schularbeit ein »Sehr gut« schrieb, sagte der Professor:»Und jetzt zum Dygruber: Bei dem weiß der Gegner nie, woran er ist.« Der gute Mann konnte zu diesem Zeitpunkt nicht ahnen, wie sehr er mit dieser

Aussage, was seines Schülers Hartnäckigkeit und Kampfgeist betraf, ins Schwarze getroffen hatte.

Denn viel später, als das Unternehmen *claro* begann, bekam natürlich auch der Gründer mit, wie viele auch, aber bei Weitem nicht nur in seiner Heimatgemeinde die Sache argwöhnisch beurteilten und im Geiste bereits die Sanduhr umgedreht hatten, um zu sehen, wann seine Zeit wieder ablaufen würde. Diese Menschen waren für ihn nicht Gegner ad personam, aber Gegner in ihrer Geisteshaltung, einer – trotz in der Regel in diesen ländlichen Regionen politisch stockschwarzen Gesinnung – im Prinzip ziemlich unternehmerfeindlichen Haltung: »In den USA applaudiert man dir, wenn du etwas probierst, stempelt dich nicht ab, wenn du scheiterst, und gratuliert dir, wenn du aufstehst und es wieder versuchst. Bei uns glaubt man zuerst nicht, dass du es schaffst, und du bist für alle Zeiten als Pleitier punziert, wenn es einmal schiefgeht. Wenn es aber gut geht, wird dir nicht neidlos gratuliert, sondern gefragt: Wie ist denn das zugegangen? Als ob da noch etwas dahinterstecken müsste, das nicht in Ordnung ist«, sagt Dygruber.

Ihm macht das nichts, und schon gar nicht kann es ihm die Freude an seinem Leben in dieser wunderschönen kleinen Gemeinde nehmen. Im Gegenteil: »Ich spüre Adnet so stark, das erdet mich, gibt mir neue Kraft, und hier relativiert sich so vieles, was außerhalb dieses Bezugspunktes so schwierig erscheint.« Aber auf eines kann man sich verlassen, und da weiß man im Unterschied zur Diagnose des Rechnungswesen-Lehrers bei Josef Dygruber sehr genau, woran man ist: Er vergisst nie, wer loyal und verlässlich ist, wer ihm den Rücken zukehrt, wenn er eine Hand brauchen würde – und vor allem nicht, wer zunächst einmal wartet, woher der Wind weht und dem sein Verhalten anpasst.

Denn es ist auf diesem langen Weg vom neugierigen Buben in der Wandschützenhütte zum erfolgreichen Firmenchef etwas passiert, das auch seiner Mutter aufgefallen ist:»Er hat viel gelernt, unter anderem, auch einmal hart zu sein. Das ist wichtig, denn er ist von seinem Naturell her so ein weicher, gutmütiger Kerl – und es ist schön, dass er das privat geblieben ist, aber im Geschäft musst du auch anders können, sonst wirst du ausgenützt.«

Manchmal, wenn sie durch den Ort geht, wird Johanna Dygruber gefragt:»Und, wie geht's deinem *claro*?« Auch wenn so eine Frage mit Sicherheit nicht böse gemeint ist, ist sie in ihrer Wortwahl demaskierend. Eine Mutter fragt man nach dem Befinden des Sohnes und nennt ihn bei seinem Namen, nicht nach der Firma. Geschäftlich hat Josef Dygruber nichts dagegen, wenn man ihn mit der Marke identifiziert. Daheim, dort, wo seine Seele zur Ruhe kommt, wo er ausschließlich Mensch sein will, wäre er halt schon gern der Sepp. Weil er hier auch nie etwas anderes war und sein will als das. Alles *claro*?

LEBENSSCHULE SANFT UND HART

Es hatte schon seine Richtigkeit, dass sich Josef Dygruber der Realwirtschaft zuwandte und sich nicht als Finanzjongleur versuchte. Denn als Spekulant hatte er nicht das glücklichste Händchen, was er schon bei der Französisch-Matura erfahren musste: Zwei Themen waren für die mündliche Reifeprüfung zur Auswahl gestanden – *la presse*, die Presse, und *la publicité*, die Werbung. Letzteres interessierte ihn mehr, also ließ er das andere in der Vorbereitung gleich ganz weg. Eine 50:50-Chance erschien dem jungen Mann als akzeptable Basis. An Fortunas Tisch zu zocken statt über staubtrockenen Lehrbüchern zu hocken, spiegelte auch ein wenig den Widerwillen, mit dem er sich durch die fünf Jahre Handelsakademie gequält hatte, getrieben weniger von brennendem Interesse als vom schon damals gültigen Leitsatz: Aufgeben ist keine Option.

Da saß er nun also mit feucht geschwitzten Händen an seinem Schulpult wie an einem Spieltisch und hoffte, dass die »Kugel« richtig rollen würde. Es kam *la presse*, und für Josef Dygruber hieß es: *Rien ne va plus.* Keine drei sinnvollen Sätze fielen ihm zu diesem Thema ein, und somit ging es für ihn schulisch in eine Ehrenrunde, ehe er im darauffolgenden Herbst *le français* und damit die ungeliebte Schulzeit endgültig hinter sich lassen konnte.

Schon zuvor aber war er auf Vermittlung seines Groß-
vaters, der als Wandschützenobmann mit allen wichtigen
Leuten in der Region auf Du und Du war, bei der Raiffeisenbank in Hallein wegen eines Jobs vorstellig geworden:
»Ich war zu der Zeit in Wahrheit ausgesprochen orientie-
rungslos und ganz froh über die Vermittlung vom Opa«,
gesteht Josef Dygruber in der Rückschau. Der honorige
Bankdirektor versprach dem Jungspund einen Job unterm
Giebelkreuz, den er noch ohne Matura-Nachprüfung und
Präsenzdienst im Juli gleich nach der Maturareise antreten
könne. Eine Situation, mit der zu diesem Zeitpunkt alle
glücklich waren.

Der Großvater hatte den Enkel ohne großen Überre-
dungsaufwand in die Spur gestellt, die er für ihn vorgese-
hen hatte und deren Zielpunkt der alte Schütze ganz klar
im Visier hatte. Der »Bub« sollte einmal Filialleiter in Adnet werden, denn in solchen dörflichen Gemeinschaften
wird man dann in der Anrede gleich zum Herrn »Bankdirektor« geadelt. Die Eltern waren froh, dass der Sohn in
einem sicheren Hafen angelegt und seinen lediglich diszi-
plinierten Widerwillen während der durchwachsenen
Schuljahre abgelegt hatte. Und der 19-jährige Josef hatte
hiermit seine Orientierung, ein Anfangsgehalt von damals ganz ordentlichen 10.000 Schilling (726 Euro), aus-
gezahlt 16 Mal pro Jahr, und erstmals in seinem jungen
Leben auch außerhalb der Familie spürbare soziale Aner-
kennung.

Denn auch, wenn man vielleicht nur der Rosi-Tant' einen Bausparvertrag aufgeschwatzt und für den Huber-
Bauern den Erlagschein für die Stromrechnung ausgefüllt
hatte: In dieser kleinen, dörflichen Struktur galt man jetzt

als »Banker«, und das war so prestigeträchtig beim Einkaufen im Ort wie hilfreich beim Flirten am Badesee.

Josef Dygruber wäre diesem letztlich vom Opa oktroyierten Karriereplan mit seinen unbestreitbaren Annehmlichkeiten auch beinahe auf den Leim gegangen: »Das war ja alles andere als unangenehm. Ich bin mittags zur Mutter heimgekommen, die hatte schon das Essen auf dem Tisch stehen, dann habe ich mich eine Stunde in die Sonne gelegt, bin danach wieder in die Bank gefahren und am Abend mit drei neuen Witzen heimgekommen.«

Das waren Bedingungen, unter denen so etwas wie der Wunsch nach Selbstständigkeit, falls es ihn in irgendeinem Bewusstseinswinkel bereits gegeben haben sollte, gar nicht erst zum Vorschein kommen konnte. Denn unter der dicken Decke, in Österreich sagt man »Tuchent«, gut ausstaffiert mit Annehmlichkeiten aller Art, war es ausreichend behaglich. Mit der Selbstständigkeit hat es der junge Mann nach der Schulzeit aber ohnehin auch im Privaten noch nicht so gehabt. Als Josef Dygruber nach dem Abrüsten beim Bundesheer 1988 voller Stolz mit heller *Boss*-Hose und schmuckem, aber ebenfalls zu modischem Sakko zum Dienst in der Raika Hallein erschien, las ihm der Chef gehörig die Leviten:»Glauben Sie schon, dass die Bank das Richtige für Sie ist?«, herrschte er den verdutzten Neuling an:»Schauen Sie einmal, wie Sie daherkommen, Sie haben ja nicht einmal einen ordentlichen Anzug. Aus meiner Sicht stellen Sie keinen Banker dar, der hat nämlich einen dunklen Anzug, eine Krawatte umgebunden und überhaupt ein gesetzteres Auftreten.«

Viele Jahre später hätte Josef Dygruber dem Mann ein mildes Lächeln geschenkt und ihm erklärt, dass es nicht

Kleider sind, die Leute machen, sondern dass im Beruf nur die Qualität der Arbeit zählt. Aber damals fuhr er ziemlich verstört nach Hause und berichtete der Mutter von diesem Vorfall. Für die war in der Sekunde Feuer am Dach, denn dass »der Bub nicht ordentlich daherkommt« und dieser schaurige Befund auch noch von einer Instanz wie einem Bankdirektor ausgestellt worden war, bedeutete für Johanna Dygruber Alarmstufe Rot. Da war es auch einerlei, dass der »Bub« schon im 21. Lebensjahr war. Sie befahl ihn am nächsten Morgen an ihre Seite und fuhr mit ihm in die Stadt Salzburg, um dunkle Anzüge, hübsche Krawatten und banktaugliche weiße Hemden zu kaufen.

Fast zwei Jahre dauerte die Periode, in der Josef Dygruber bis auf die Standpauke wegen seiner modischen Verirrung relativ sanft ins Berufsleben glitt und in der er auch sonst auf den Daunen der vor allem mütterlichen Fürsorge gebettet blieb. Denn wie der Einkaufstrip nach Salzburg zeigte, war dieses Beglucken ja nicht nur auf die tägliche Mittagsfütterung beschränkt. Dem jungen Mann gefiel das jedenfalls ganz gut, und er hätte es mit Sicherheit noch intensiver genossen, wenn er damals gewusst hätte, dass er sich zum letzten Mal für die folgenden 25 Jahre in einer derart kuscheligen Komfortzone rekeln konnte.

Denn an einem Jännertag des Jahres 1989 läutete Josef Dygrubers Telefon, am anderen Ende der Leitung war Ekkehard Reicher, der Geschäftsführer der österreichischen Niederlassung der Reinigungsmittel-Firma *Benckiser,* und bat ihn um ein Treffen in einem Halleiner Café. Reicher suchte einen jungen Assistenten der Geschäftsleitung, und es wurde ein relativ kurzes Gespräch. Denn einer Beinahe-

Verdopplung des Gehaltes, das er bei der Bank bezog, konnte Dygruber mit Anfang 20 nicht widerstehen: »Ich habe nicht einmal verhandelt. Wahrscheinlich wurde mir damals eh nur der Kollektivvertrag angeboten«, schmunzelt er heute. Aber man darf dabei nicht außer Acht lassen, dass der eben Angeworbene nicht die geringste Ahnung von der Produktpalette seines neuen Arbeitgebers hatte und nicht einmal das populäre Geschirrspülmittel *Calgonit* kannte, weil im Elternhaus damals noch kein Geschirrspüler stand. Mit »Controlling«, das ebenfalls in seinen neuen Aufgabenbereich fiel, verband er damals lediglich, dass er »in andere Abteilungen hineing'schafteln« durfte: »Aus heutiger Sicht betrachtet, war das ein Wahnsinn, unter welchen Voraussetzungen ich damals Ja gesagt habe«, meint Dygruber.

Aber er tat es, kündigte seinen Job bei der Bank und buchte zunächst einmal einen fünfwöchigen Australien-Urlaub, ehe er sein neues berufliches Abenteuer startete. Sein Direktor bei der Raiffeisenbank fragte ihn, ob er wahnsinnig geworden wäre, jetzt zu gehen, wo er seiner Idealvorstellung eines »Bankers« entsprach. Und auch für Großvater Kaspar Seywald brach in diesem Moment eine Welt zusammen. Da hatte er dem Enkel den Weg für eine sorgenfreie und gesellschaftlich in hohem Maße anerkannte Berufslaufbahn geebnet, und dann warf der alles hin und ging nach der Vorstellung des Opas Waschmittel verkaufen. Es gab nicht viele, die diesen Schritt damals nachvollziehen konnten, aber für Josef Dygrubers späteren langjährigen Wegbegleiter Peter Graski, den früheren Chef von *Miele* Österreich, war es die absolut richtige Entscheidung: »Bei der Raika wäre er natürlich aufgestiegen bis zu einem gewissen Grad. Aber seine wirklichen Fähigkeiten wären dort nicht zum Tragen gekommen. Er hätte unglaublich viel versäumt in Hinblick auf seine Berufserfolge, und das wäre sehr schade gewesen.«

Aber bis dorthin war es noch ein langer und mühseliger Weg, denn zunächst wurde dem jungen Mann klar, warum er plötzlich um so viel mehr verdiente. Mit dem gemächlichen Leben samt Mittagessen im »Hotel Mama« und anschließendem Chillen war es nun nämlich vorbei. Bei der Bank hatte Josef Dygruber noch die letzte Phase einer relativen Gemütlichkeit erwischt, ehe auch dort der Druck erhöht und das Tempo verschärft wurde. Aber im Konzern spielte von Anfang an eine andere Musik, und da musste Dygruber sehr schnell in den neuen Arbeitstakt finden, um nicht als Mauerblümchen zu versauern.

Diese Gefahr drohte jedoch ohnehin nicht wirklich, denn zwei Dinge wurden ihm gleich in seiner Anfangszeit klar: Er lernte den Stellenwert einer etablierten Marke kennen, und er begriff sehr schnell, dass er hier Karriere machen könnte, wenn er sich ins Zeug legte. Sein Chef Ekkehard Reicher förderte die Ambitionen seines jungen Assistenten, nahm ihn zu Tagungen mit und wurde von diesem im Gegenzug mit immer kreativer und moderner aufbereiteten Unterlagen für diverse Meetings ausgestattet. Man nahm den Neuen als einen wahr, der etwas erreichen wollte, und nach einiger Zeit versetzte ihn sein Boss in die Verkaufsabteilung, damit er noch mehr dazulernen konnte: »Du gehst jetzt in die Marke«, gab er ihm auf den Weg mit, und das war nicht übertrieben, denn dort, im Verkauf, saßen die *heroes* der Firma, die Profitbringer.

Josef Dygruber sammelte nun Außendienst-Erfahrung, klapperte damalige Großkunden wie *Konsum, Familia, Pam Pam* oder *Nah & Frisch* ab und lernte sehr schnell die Basics, die Spielregeln und so manche Tricks in diesem harten Geschäft. Heute weiß er:»Nur wenn du das einmal selbst gemacht hast, weißt du, wovon die Außendienstler reden.« Diese Lern- und Erfahrungsreisen hatten mitunter durchaus skurrilen Charakter. So, als Dygruber mit einem absoluten Topverkäufer der Firma quasi als Lehrbub ins tiefste Niederösterreich mitfuhr:»Ich kam mir plötzlich vor wie im Film *Indien*«, sagt er heute.

In diesem unter anderem mit dem Österreichischen Filmpreis ausgezeichneten Streifen reisen die von den bekannten österreichischen Kabarettisten Josef Hader und Alfred Dorfer gespielten Hauptdarsteller Bösel und Fellner im Auftrag des Fremdenverkehrsamtes in die abgeschiedene Provinz, um Gasthäuser auf ihren Hygienestandard zu überprüfen. Und sein damaliger Verkaufslehrmeister erinnert Dygruber heute stark an den von Hader gespielten Filmcharakter Heinz Bösel:»Der saß beim Mittagessen genau so da, hat nicht ein einziges Wort mit mir geredet, sondern nur seine Berichte geschrieben. Und dann kamen wieder diese langen Fahrten durch das absolute Nichts bis zum nächsten Händler.« Bei den spärlichen Wortspenden passte der junge Mitfahrer dann aber ganz genau auf, denn das waren sozusagen Lehrsätze des Verkaufs. Die standen aber nicht in einschlägigen Büchern, sondern waren geboren aus den Tiefen schweißtreibender Knochenarbeit an der Front.

»Dygruber«, eröffnete der Lehrmeister in einem dieser seltenen Momente das Gespräch,»weißt du, was wichtig ist? Denen müssen wir die Tuchent anfüllen.« Was damit gemeint war, konnte der dermaßen kryptisch Belehrte schon im nächsten Geschäft erleben. Der routinierte Verkaufsprofi ließ kurz den Blick durch den Laden schweifen, stapfte dann brummend in den Keller und räumte alle Bestände seiner Firma herauf ins Geschäft. Wenn in den Regalen kein Platz mehr war, sorgte er für eine spontane Zweitplatzierung, wie es im Fachjargon heißt. Das bedeutet, er errichtete an einem der Gang-Kopfenden einfach einen zusätzlichen Stapel mit den *Benckiser*-Produkten. In der heutigen Zeit wäre so etwas undenkbar, da zahlt man für eine Zweitplatzierung ein kleines Vermögen. Jedenfalls griff sich der trickreiche Außendienstler dann den Geschäftsführer, ging mit ihm in den Lagerkeller und meinte:»Schau, du hast ja gar nichts mehr da.« Schon war wieder ein Auftragsschein ausgefüllt, und der Topverkäufer hatte während des nächsten Mittagsschnitzels einen neuen Bericht, den er schreiben konnte. Schweigend selbstverständlich.

Kurz: Josef Dygruber lernte sehr schnell und sehr viel in diesen Monaten – auch, dass man Mittagspausen nicht nur zum Essen nützen kann. Er hatte es sich zur Angewohnheit gemacht, seine privat abonnierte, lachsfarbene Tageszeitung in die Firma mitzunehmen und sich dort, anstatt essen zu gehen, mit Informationen zu füttern. Eines Tages stieß er in der Zeitung auf eine Stellenanzeige, aus der er erfuhr, dass sein Arbeitgeber einen neuen Verkaufsleiter suchte. Längst hatte er sich im Zuge seiner Karriereplanung einen Satz zur Devise gemacht:»Du musst Gelegenheiten beim Schopf packen, wenn sie sich dir auftun.« Also griff er nach dieser Chance und ließ sich unverzüglich einen Termin in der Firmenleitung geben. Dort saß an oberster Stelle mit Dr. Peter Harf eine von Josef Dygruber bewunderte Wirtschaftskoryphäe, ein Absolvent der Harvard Business School. Harf war bereits seit 1981 in der Firma und hielt ihr die Treue als stellvertretender Vorsitzender bis 2015, als sie längst zu *Reckitt Benckiser* geworden war.

Der ehrgeizige junge Mann bekam seinen Termin bei Verkaufsdirektor Alexander Griesbeck, jedoch wollte dieser dem damals erst 24-Jährigen die Ambitionen auf den Verkaufsleiter-Job sofort wieder ausreden. Josef Dygruber erinnert sich:»Er sagte zu mir: Schau, das ist ein Schleudersitz, und ich will dich nicht verlieren, dafür mag ich dich zu gern.« Aber Griesbeck konnte ihn damit nicht abschrecken, denn der junge Mann, der ihm gegenübersaß, hatte für sich entschieden, dass er zu diesem Schritt bereit war und fand in diesem Moment offenbar auch die richtigen Worte:»Herr Direktor, ich will das unbedingt machen. Und ich verspreche Ihnen, wenn ich es nicht schaffe, gehe ich erhobenen Hauptes da hinaus. Sie müssen für mich dann keinen Versorgungsjob im Büro finden, denn ich bin zu stolz, um wieder einen Schritt zurückzugehen. Da suche ich mir lieber etwas anderes. Und außerdem: Wenn ich auf Sicherheit aus wäre, dann wäre ich bei der Bank geblieben.«

Das saß, und mit den Worten»Dann machst du das jetzt« griff der Verkaufsdirektor zum Telefon und bestellte seiner neuen Führungskraft bei Mercedes in Salzburg einen neuen 190 E als Dienstwagen. Und er vermachte Dygruber wenig später auch sein altes C-Netz-Mobiltelefon. Der Direktor hatte ohnehin schon seit einiger Zeit auf ein

D-Netz-Gerät umsteigen wollen, und nun bot sich eine elegante Gelegenheit, das zu tun und damit gleich zwei Menschen eine Freude zu bereiten.

Autos können für einen jungen Menschen, der Karriere machen will, eine Bedeutung entwickeln, die weit über die Fortbewegung hinausgeht. Sie können Stationen markieren, und bei Josef Dygruber war das zu dieser Zeit definitiv der Fall. Bei der Bank war er noch im alten Opel Kadett unterwegs gewesen, den er seinem Vater abgekauft hatte. Als er bei *Benckiser* im Außendienst die ersten Kilometer machte, kaufte er aus dem firmeneigenen Fuhrpark einen Opel Vectra heraus, den er mit schmucken Felgen ein wenig aufmotzte. Und jetzt hatte er diese dunkelblaue Edelkarosse mit dem Stern als Dienstwagen ausgefasst, und mit diesem Symbol für seinen Karrieresprung konnte er endlich auch den Großvater mit dem Schicksal versöhnen: »Als der Opa das Auto gesehen hat, war er das erste Mal so richtig stolz auf mich, seit ich bei der Bank aufgehört hatte«, sagt Dygruber.

Einige im Ort hingegen erkundigten sich, ob er nun ein Bordell betreiben würde. Denn mit 24 Jahren so ein Auto zu fahren, das konnte ja nicht mit rechten Dingen zugehen. Aber besonders lange war der fahrbare Untersatz kein uneingeschränkter Quell der Freude, denn so schnell, wie dieses Auto fahren konnte, lernte Josef Dygruber den Preis für seinen Aufstieg kennen: »Die haben so brutal Gas gegeben mit dem Umsatzdruck, weil sie gesagt haben, der Junge hält das schon aus. Und ich habe es ausgehalten, weil auch ich ununterbrochen auf Hochtouren gelaufen bin. Aber auf meinen langen Fahrten war ich im Auto auch oft den Tränen nahe und habe mich gefragt: Was tust du da eigentlich?«

Nun: Er hatte begonnen, die Karriere zu machen, die ihm bei seinem Einstieg in die Firma vorgeschwebt war und als Motivation gedient hatte. Aber er lernte nun, dass es dazu nicht nur brennenden Ehrgeiz und einen Kopf voller Ideen brauchte, sondern auch die Fähigkeit, Druck auszuhalten und unangenehme Dinge zu tun, die in keinem Stelleninserat bei den Aufgaben angeführt sind, wie zum Beispiel Mitarbeiter zu entlassen.

Und es gehörte auch die Erfahrung dazu, dass die eigenen Vorstellungen davon, wie etwas laufen sollte, nicht immer mit den Firmeninteressen oder auch nur den Ideen des unmittelbar Vorgesetzten harmonierten. Aber Josef Dygruber war, nachdem er als ursprünglich davon gänzlich Unbeleckter für dieses spezielle Metier längst Feuer gefangen hatte, zwar da und dort zu bremsen, letzten Endes aber nicht aufzuhalten, wenn er sich etwas in den Kopf gesetzt hatte. Für seinen Geschmack war zum Beispiel das Marketing im Betrieb zu dieser Zeit unterbewertet: »Wir waren damals sehr vertriebs- und verkaufsgesteuert, die Mitarbeiter im Marketing waren halt auch da, hatten aber intern keinen besonderen Stellenwert.« Kurzerhand absolvierte er – zum Missfallen seines damaligen Verkaufsdirektors – auf eigene Initiative und auch auf eigene Kosten ein Marketing-Kolleg, weil er über diesen Bereich einfach mehr wissen und etwas dazulernen wollte. Und er war auch nicht der Meinung seines Chefs, dass sich die damals relativ neu auf den Markt gekommenen Geschirrspültabs nicht durchsetzen würden.

Durch diese Reibungen dürfte wohl die Basisenergie entstanden sein, sich den Gedanken zu gestatten, es möglicherweise einmal auf eigene Faust als Unternehmer zu versuchen. Auch wenn das, wie Dygruber versichert, zu dieser Zeit noch kein konkreter Plan war: »Ich hatte die härteste, aber auch beste Verkaufsschule absolviert, die man sich vorstellen kann, und auch gelernt, mit dem immensen Druck umzugehen. Aus meiner Schulzeit, in der ich so kämpfen musste, habe ich die Ausdauer und das Animo mitgenommen, zu sagen: Ich zeig's euch allen – und mir selbst am meisten.« Also war es für ihn ausgeschlossen, sich dem Gedanken zu widmen, dass ihn der »Schleudersitz« auch abwerfen könnte.

Aber manchmal zeigen es einem auch andere, und wenn es nur das ist, dass sie letzten Endes auf dem längeren Ast sitzen. Mitten in das ohnehin bereits angespannte Verhältnis zu seinem Verkaufsdirektor hinein kam eines Tages dessen Order, einen Mitarbeiter zu entlassen. Josef Dygruber hatte das in seiner leitenden Funktion bereits mehrmals getan, aber diesmal widerstrebte es ihm zutiefst: »Das war ein 55-jähriger Familienvater, ein ausgesprochen lieber Mensch und tüchtiger Verkäufer. Ich habe gesagt, den kann ich nicht kündigen, weil ich auch nicht besser bin als er, ich könnte auch nicht mehr verkaufen. Mein Chef sagte: ›Wenn Sie das nicht können, sind Sie hier falsch.‹« Dygruber blieb aber bei seiner Weigerung, und der Mitarbeiter wurde nicht gekündigt.

Aber es beschlich ihn schon da die düstere Ahnung, dass diese Sache für ihn nicht gut ausgehen könnte. Kurz darauf flog er mit seiner späteren Ehefrau Marietta in die Türkei in den Urlaub und teilte ihr dieses ungute Gefühl mit: »Ich glaube, die hauen mich raus.« Zurück von Sonne und Meer blätterte er wie gewohnt zu Mittag in seiner Zeitung. Und wie einige Jahre davor stieß er wieder auf eine

Stellenanzeige seines Arbeitgebers. Nur war diesmal sein eigener Job ausgeschrieben. Wenig später wurde er zum Chef ins Büro gerufen, und Josef Dygruber war bei *Benckiser* Geschichte: »Das war eine ganz brutale Lebensschule. Aber ich bin bis heute wahnsinnig stolz darauf, dass ich diesen Kollegen nicht entlassen habe, nur um meinen eigenen Job zu retten.«

Dieser Mitarbeiter blieb dann übrigens bis zu seiner Pensionierung in der Firma. Und ein Jahr, nachdem ihn Josef Dygruber hätte entlassen sollen, wurde er als »Verkäufer des Jahres« geehrt und erhielt eine Videokamera als Geschenk. Eine wahrhaft filmreife Ironie.

DAS 1000-KILOGRAMM-TAB

»Die schönere Geschichte wäre natürlich die gewesen, zu sagen, mein Chef hat nicht an die Zukunft der Geschirrspültabs geglaubt, und deshalb habe ich mich selbstständig gemacht. Doch das wäre nur die halbe Wahrheit. Zur ganzen gehört auch dieses unrühmliche Ende mit der Entlassung bei *Benckiser*.«

Josef Dygruber ist nicht der Typ, der einen auch noch so kleinen Bogen um die Wahrheit machen würde, nur um seine Biografie zu behübschen oder Geschichte weich zu zeichnen. Dafür braucht der tiefgläubige Unternehmer weder das achte Gebot, noch trägt er diese Eigenschaft kokett als Attitüde vor sich her, weil er es sich leisten kann, nichts zu beschönigen. Nein, er ist einfach so, er hat es nie anders gehalten, als die Dinge geradeheraus zu sagen, und wer sich nie in seinem Leben mit halben Sachen aufgehalten hat, ist auch unfähig zur halben Wahrheit. Es werden in den folgenden Kapiteln noch andere Beispiele für diesen Wesenszug auftauchen.

Die ganze Wahrheit war an diesem 30. November 1993 jedenfalls, dass die Karriere des eben erst 26 Jahre alt gewordenen Josef Dygruber ein jähes Ende gefunden hatte. Und auch wenn er, wie er seinem Verkaufsdirektor Alexander Griesbeck versprochen hatte, erhobenen Hauptes ging, widerstrebten ihm die Umstände des Abgangs innerlich zutiefst. Einerseits war er stolz auf sich, weil er eine seiner Ansicht nach völlig ungerechtfertigte Kündigung nicht vollzogen hatte. Andererseits empfand er es als tiefes Unrecht, dass sein eigener Kopf deshalb hatte rollen müssen. Er hätte doch noch so viele Ideen einzubringen gehabt, und im ersten Moment war für ihn noch kein wirklich scharfes Bild zu erkennen, wohin er diese nun umleiten sollte.

Aber der Keim, es einmal mit einer eigenen Marke zu versuchen, war schon länger in seinem Kopf gewesen, und schön langsam begann in diese Richtung ein zartes Pflänzchen zu sprießen. Hatten ihn einst die in der Stadt Salzburg als Werbeträger eingesetzten Mini Cooper mit den riesigen *Red Bull*-Dosen auf dem Dach dazu inspiriert, sich in Eigeninitiative durch ein Kolleg beim Berufsförderungsinstitut im Bereich Marketing weiterzubilden, hantelte er sich am großen Vorbild aus Fuschl zu dem Mut empor, es tatsächlich auch selbst als Unternehmer zu versuchen und eine Marke zu erschaffen. Denn schließlich, so sagte er sich damals, hatte auch »Herr Mateschitz«, wie er den *Red Bull*-Chef stets mit allergrößtem Respekt nennt, einmal bei einem Halleiner Industriebetrieb gearbeitet und den Schritt in die Selbstständigkeit gewagt. Es war zu der Zeit noch ein Hin und Her der Gefühle, und Dygrubers Ehefrau Marietta sagt heute: »Ich glaube nicht, dass es immer schon sein Wunsch war, Unternehmer zu werden, doch vom Gefühl und vom Typ her war er geeignet. Aber wahrscheinlich eine Zeit lang, ohne sich dessen selbst auch wirklich bewusst zu sein.«

Jedenfalls kam er eines Tages mit einem Zettel heim, auf dem zwei mögliche Namen für seine eigene zukünftige Marke notiert waren, und er holte Marietta an den Küchentisch, um Familienrat zu halten. *Clever* und *claro* hatte er darauf notiert, und für ihn war die Entscheidung eigentlich schon gefallen:»Ich wollte *Clever* machen, weil das nach guter Qualität zu günstigem Preis klang. Und ich dachte, das passt wunderbar, weil für Marketing habe ich eh kein Geld.« Aber Dygrubers Patentanwalt schrie Alarm, denn die Rechte auf den Namen *Clever* waren in der Klasse 3, Wasch- und Geschirrspülmittel, auf einen gewissen Dr. h. c. Viktor Heustadler eingetragen, und den galt es nun zu kontaktieren:

»Junger Mann, was stellen Sie sich denn vor?«, fragte der mit dem Ansinnen konfrontierte Rechteinhaber.

»50.000 Schilling *(ca. 3.600 Euro, Anm.)* tät' ich schon zahlen für die Marke«, eröffnete Dygruber das vermeintliche Feilschen, das aber zu Ende war, ehe es beginnen konnte.

»Oh, da können wir gleich wieder auflegen«, machte Dr. Heustadler alle Hoffnungen in der Sekunde zunichte, »unter 500.000 gebe ich die nicht her.«

Die Rechte an *Clever* holte sich später *Billa*-Gründer Karl Wlaschek und ersetzte damit die alte Eigenmarke *Potzblitz*. Und da sollte sie auch für Josef Dygruber wieder eine Rolle spielen, aber dazu später. Der meldete nach der telefonischen Abfuhr seinen »zweiten Sieger« im Markennamen-Wettbewerb, *claro*, international an, und nun gab es zwar einen Namen, aber noch kein dazugehöriges Kind. Denn außer dem Grundstück, das Dygrubers Investor und langjähriger stiller Firmenteilhaber in Mondsee zur Verfügung gestellt hatte, existierte noch nichts. Da mussten zunächst Keller betoniert, Leitungen gelegt und Tanks installiert werden, die Halle kaufte man gebraucht aus der

Konkursmasse einer deutschen Pleitefirma, und es vergingen Monate um Monate.

Josef Dygruber überließ alles Technische seinem ehemaligen *Benckiser*-Kollegen und Chefchemiker Erich Fabianitsch, der den Konzern ebenfalls verlassen hatte und von der Stunde Null an *claro* mit aufbaute: »Er war durch sein Wissen von *Benckiser* ein Vollblut-Produktionsmann, der wusste, wie eine Fabrik funktioniert.« Für den Verkaufs- und Marketingprofi Dygruber gab es in dieser Aufbauzeit aber ein Jahr lang in Ermangelung eines Produkts nichts zu tun, und so heuerte er bei den Salinen Austria als Assistent der Geschäftsleitung an. Mit dem EU-Beitritt Österreichs am 1. Jänner 1995 fiel nämlich auch das Jahrhunderte alte Salzmonopol, und das Unternehmen musste sich für den freien Wettbewerb aufstellen. Zwar hatte Dygruber dabei überwiegend mit dem Thema Speisesalz zu tun, witterte aber sofort die Chance, sich im Zuge dieses Jobs intensiv mit dem Thema Regeneriersalz zu befassen, das für seine Unternehmenspläne eine große Bedeutung hatte.

Und wie es für diesen früheren Außendienst-Frontkämpfer typisch war, gewann er seine Eindrücke nicht aus Unterlagen, sondern holte sie sich in Extraschichten außerhalb seiner Dienstzeit mit eigenen Augen und zahlreichen Gesprächen am Ort des Geschehens. Nicht nur einmal fuhr er um fünf Uhr früh mit den Bergleuten in die Stollen und erfuhr dabei alles über die Reinheit dieses Salzes: »Ich wusste, dass mein ehemaliger Arbeitgeber sein Salz aus Süditalien importierte und habe schnell verstanden, dass ich mit diesem hochreinen Ischler Salz einen nicht zu unterschätzenden Differenzierungsansatz hätte, wenn ich mit *claro* anfange.«

Parallel dazu machte er nach dem Wegfall des Salzmonopols spannende Erfahrungen im Bereich des Preiskampfes und konnte mit seinem Einfallsreichtum so manchen Schauplatz befrieden. Unter anderem verhalf er dem Handelsriesen *Hofer*, der sich gerade mit *Spar* duellierte, mit einem kreativen Schachzug zu einem befriedigenden Preis und konnte ihn auf diese Weise als Kunden halten. Man ließ dem Diskonter das Salz, aber nicht mehr unter dem Markennamen *Bad Ischler*, sondern Josef Dygruber kreierte eigens für diesen Kunden die Marke *Salinengold*. Damit waren am Ende alle glücklich, und für den »Erfinder« sollte sich sein Einfallsreichtum später noch lohnen.

In der Zwischenzeit werkte Erich Fabianitsch in Mondsee wie ein menschliches Multitab. Als technischer Leiter, Einkäufer, Baufortschrittsüberwachungsorgan und nicht zuletzt in seinem eigentlichen Metier als Chemiker: »Er war zwar nie an der Firma beteiligt, aber ohne ihn hätte es sie nicht gegeben«, schätzt Josef Dygruber seinen kongenialen Mann der ersten Stunde noch heute über alle Maßen. Bei diversen Treffen in einem bekannten Anifer Lokal berichtete Fabianitsch dem Boss über die Fortschritte auf der Baustelle, und der wurde zunehmend unentspannter: »Ich saß auf Nadeln, dachte, das ginge alles viel schneller und habe im Kopf schon Tabs gepresst und die Marke aufgebaut«, schmunzelt Dygruber.

Aber nach drei Monaten Vorarbeit im »Trockendeck«, Dygruber hatte längst bei der Saline gekündigt, war es im Oktober 1995 so weit, die nagelneue *Korsch*-Pressmaschine erstmals anzuwerfen. Also fast. Denn je näher dieser Moment rückte, desto nachhaltiger fuhren Josef Dygruber die Zweifel ins Gemüt: »Das war ein totales Himmelfahrtskommando. Erich wusste zwar, wie man Pulver macht, aber mit Tabletten hatten wir beide keine praktische Erfahrung, weil die bei *Benckiser* damals auch nicht im Werk, sondern in Dänemark lohnproduziert worden waren. Entsprechend aufgeregt standen wir nun vor der neuen Maschine und mischten das Pulver für unsere erste Auftragspressung«, erinnert sich der *claro*-Chef. In einem riesigen 1000-Kilo-Sack wurde das Pulver freitagnachmittags über dem Trichter der Tablettenpresse aufgehängt, und am darauffolgenden Montag hätte die Presse gestartet werden sollen.

Hätte. Denn bei Schichtbeginn am Montag in der Früh offenbarte sich ein einziges Desaster. Das heiß-feuchte Wochenende hatte die Pulvermischung für die Wasserenthärtungstabletten zu einem 1000-Kilo-Klumpen verhärten lassen, weil man die hygroskopischen Eigenschaften der feuchtigkeitsempfindlichen Rohstoffe unterschätzt hatte. Eine Weile fuhrwerkte man mit Schremmhämmern am gewiss größten Tab der Welt herum, bis die Aktion schließlich wegen erwiesener Sinnlosigkeit abgebrochen wurde.

Die Ware war hin, der Spediteur war weg – und in Vorarlberg erwartete der allererste Kunde die allererste Lieferung *claro*-Tabs. Also wurde neues Pulver gemischt, die Presse angeworfen und am Ende Josef Dygrubers Dienstwagen mit über 30 Kartons Tabs, Klarspüler und Regeneriersalz vollgepackt, ehe der Chef selbst auf Liefertour ging:»Der Wagen ist so tief drinnen gehängt, als wenn ich übersiedelt wäre«, kann er heute lachen, während damals der Fehlstart ins Unternehmen *claro* eher zum Heulen war.

Und das wurde so schnell nicht besser, denn mit solchen wenig gewinnträchtigen»Rucksacklieferungen« wie der nach Vorarlberg machte man keine großen Sprünge. Auch worauf Dygruber kurz vor dem Start mit seinem Unternehmen schon so sehnsüchtig gewartet hatte, nämlich seine Ware anbieten und verkaufen zu dürfen, funktionierte nicht. Denn er bekam bei den Einkäufern der Handelsketten nicht einmal einen Termin zum Vorsprechen: »Die Anfangszeit mit *claro* war ein Horror. Ich dachte, ich kann gleich wieder zusperren. Gegen Mauern zu rennen, war schrecklich. Da fährst du am Abend heim und denkst dir, ich weiß nicht, ob ich das überlebe.« Auch seine Mutter Johanna erinnert sich noch gut an diese schlimme Zeit: »Er ist oft gekommen und hat gesagt ›Mama, das war wieder ein harter Tag‹, und er hatte dabei mehr als einmal Tränen in den Augen. Aber es hat nie lange gedauert, und er ist wieder kämpferisch geworden.«

Das sah dann so aus, dass Josef Dygruber von allen Seiten angriff – auch von oben. Weil *Spar* damals gerade damit warb, viele österreichische Produkte im Sortiment zu haben, verfasste der verzweifelte *claro*-Chef gleich einen Brief an den Vorstandsvorsitzenden Dr. Gerhard Drexel, indem er sein Bedauern zum Ausdruck brachte, dass diese rot-weiß-rote Linie offenbar nicht für den einzigen österreichischen Anbieter von Geschirrspültabs gelte. Das Schreiben wirkte, Dygruber bekam auf Druck von oben endlich seinen Termin, aber den Chefeinkäufer hatte er sich mit dieser Aktion nicht gerade zum Freund gemacht: »Dygruber, wenn es um deine Marke geht, gehst du über Leichen«, herrschte er ihn an. Der konterte: »Das stimmt nicht. Aber wenn ich nichts verkaufe, gehe ich pleite.«

Jedenfalls wurde *claro* daraufhin zwar in den 40 *Interspar*-Märkten gelistet, der Einkaufsleiter baute aber eine

Retourkutsche für die Verzweiflungstat Dygrubers ein, indem die Belieferung nicht über das Zentrallager stattfand, sondern, wie es im Fachjargon heißt,»auf Strecke«. Was nichts anderes bedeutete, dass *claro* nun zwar in den Geschäften war, aber daraus kaum ein Geschäft wurde, weil das neue Unternehmen die einzelnen Filialen von Mondsee aus selbst beliefern musste. Bestellte zum Beispiel der *Interspar* in Wörgl ein paar Tabs nach, fuhr der *claro*-Transporter schon auf dem Hinweg in die Verlustzone.

Einfach war überhaupt nichts in dieser Anfangszeit, und Josef Dygruber hatte auch selten die Chance, sich wie ein Firmenchef zu fühlen. Denn zum Beispiel beim *Maximarkt* in Anif, wo er eine der ersten Listungen erhielt, machte er in Wahrheit einen Vertreterjob. Er errichtete mit eigenen Händen und aufgekrempelten Ärmeln im Schweiße seines Angesichts einen Sonderaufbau für die *claro*-Packungen, stellte einen zu verlosenden Geschirrspüler dazu und war dann auch noch mit Reaktionen von Bekannten konfrontiert, die fast schon mitleidig fragten:»Aber du warst doch einmal bei der Bank, oder?« Und nicht nur einmal fragte sich auch Josef Dygruber selbst, ob es sich tatsächlich um einen Karrieresprung handelte, wenn er da nun zwischen seinen Spülmittelpackungen umherkroch.

»Da bin ich ehrlich, das hat am Anfang schon wehgetan. Zu wissen, dass das alles nichts wird, wenn du nicht selbst dein bester Vertreter bist und die Bereitschaft hast, dich ständig zu prostituieren, war keine schöne Erkenntnis. Da liegst du dann am Abend im Bett und denkst dir: ›Ich hatte doch einmal einen guten Job, und jetzt habe ich bei einem Himmelfahrtskommando angeheuert.‹ Aber zum Glück waren in dieser Zeit in der Früh jedes Mal wieder die Kraft und der Kampfgeist da, diese Phase zu überstehen«, erinnert er sich. Und Hinschmeißen war für ihn ohnehin keine Option, da gebar er in seiner Verzweiflung lieber ziemlich schräge Auswege: »Als ich keine Termine bei den Handelsketten bekam, dachte ich, dann gründe ich halt so einen Direktvertrieb, ein Multilevel-Marketing, und stelle mich auf die Bühne wie ein Pfarrer oder ein Guru.«

Traurig ist er nicht, dass es dazu nicht kommen musste. Denn während sich die Sache mit *claro* nur zögerlich und in Babyschritten entwickelte, taten sich bald andere Möglichkeiten auf, Umsatz zu generieren und Geld zu verdienen. Nach seinem Geniestreich, der ein paar Monate zuvor, als er noch bei der Saline gearbeitet hatte, die »Salzkrise« bei *Hofer* beendet hatte, kam der Konzern nun auf Josef Dygruber zu und fragte, ob er Interesse hätte, Tabs zu produzieren – und zwar für die *Hofer*-Eigenmarke *Alio*. Er hatte Interesse, und plötzlich war die Presse ausgelastet und bald so überlastet, dass Dygruber eine zweite bestellte: »Ich habe in diesem ersten Rumpf-Wirtschaftsjahr 1995 mit *claro* 350.000 Schilling *(gut 25.000 Euro, Anm.)* umgesetzt, aber beim *Hofer* mit der Eigenmarke das Zehnfache.« Kurz: Dieser Deal half Dygruber nicht nur aufs Pferd, damit er weiter seinem Traum von der erfolgreichen eigenen Marke entgegenreiten konnte, er rettete damals schlicht die wirtschaftliche Existenz des jungen Unternehmens.

Wenig später trat auch *Billa*, damals noch *BML*, mit demselben Ansinnen an ihn heran, und plötzlich produzierte die kleine österreichische Firma die nächste Eigenmarke für eine große Handelskette – diesmal waren es Regeneriersalz, Tabs und Klarspüler für *Potzblitz*, den Vorläufer von ... ja, gut aufgepasst: *Clever*. So kam es, dass Josef Dygruber auf einmal beide Marken herstellte, die er damals auf seinen Entscheidungszettel gekritzelt hatte, um einen Namen für sein Produkt zu finden. Die ursprüngliche Wunschmarke machte er halt nun als, wenn man so will, »Ghostpresser« für jemand anderen.

Und so purzelten in der Mondseer Tablettenpresse plötzlich Unmengen von Geschirrspültabs in die Verpackungsschachteln – aber die hießen überwiegend *Alio* oder *Potzblitz* und später *Clever*. Was war los mit *claro*, dem eigentlichen Grund dafür, dass sich Josef Dygruber auf das Wagnis der Selbstständigkeit eingelassen hatte?

Da gab es gleich zwei Baustellen: Die erste war, dass der Wunsch, aus dieser Marke etwas ganz Besonderes zu machen, der Praxis in der Anfangsphase noch gelegentlich einige Meter vorausgaloppierte. Pannen waren da unvermeidlich, und Josef Dygruber gibt heute zu: »Wir haben am Anfang so viel falsch gemacht, weil wir uns nicht genug Zeit nahmen, um zu testen.« So kam es zum Beispiel vor, dass eines Tages die Telefone schrillten und zahlreiche Kundenbeschwerden eintrafen, weil die *claro*-Tabs »Warzen« hätten. Des Rätsels Lösung war im Labor zu finden: Im Winter produzierte Reinigungstabletten reagierten nach dem Öffnen des Innenbeutels bei der Lagerung unter der Spüle plötzlich anders, weil das Natriumpercarbonat, das beim Spülgang vor allem Tee-, Wein- oder Obstflecken beseitigt, aus der Tablette gewandert war und tatsächlich warzenähnliche Knollen an der Oberfläche gebildet hatte. Im Labor konnte die Formulierung nachträglich umgebaut werden, aber das Image war kurzfristig ramponiert.

Die zweite Baustelle war aber noch viel unangenehmer und vor allem zwei Jahre lang offen. Als *claro* Wasserenthärter-Tabs auf den Markt brachte, klagte Marktführer *Benckiser*, weil diese den blau-weißen *Calgon*-Tabletten zum Verwechseln ähnlich schauten. Der Prozess zog sich vom Landesgericht Wels über das Oberlandesgericht Linz bis hin zum Obersten Gerichtshof und wurde erst nach knapp zwei Jahren mit einem Vergleich beendet:»Ich habe ja keine großen Stückzahlen verkauft, aber total unterschätzt, wie sehr ich denen in einem Segment auf die Nerven gegangen bin, in dem sie quasi Gold in Boxen verkauft haben«, bilanziert Josef Dygruber diese unerfreuliche Periode, die ihm aber eine Erkenntnis bescherte:»Ab dieser Klage wurde ich von der Konkurrenz als Mitspieler ernst genommen.«

Josef Dygruber machte sich nun mit besonderem Eifer und Einfallsreichtum daran, das eigene Kind großzuziehen und ordentlich aufzupäppeln. In Lyon ließ er sich einen Prototyp bauen, der in der Lage war, Dreiphasen-Tabs zu pressen. Und der Prozess mit *Benckiser*, in dem es nicht nur um die blau-weiße Farbgebung, sondern auch um die Quaderform der Tabletten gegangen war, hatte auf Josef Dygruber nicht nur zermürbende Wirkung, sondern auch eine Ideen spendende. Im Skirennsport kamen zu dieser Zeit gerade die Carving-Skier in Mode, und plötzlich hatte er die Eingebung, seine Tabs zu taillieren und damit einzigartig und unverwechselbar in der Formgebung zu machen. Als man ihm in Lyon zusicherte, dass der Maschinen-Prototyp auch taillierte Modelle pressen könnte, war die Entscheidung gefallen – und Dygruber ließ auch gleich die Schachteln in derselben Form herstellen.

Schon zuvor war es ihm gelungen, einen Kooperationsvertrag mit *Miele* zu unterzeichnen, der *claro* neben einem zusätzlichen Vertriebsweg auch TV-Werbung bescherte. Mit dem Umstieg auf Dreiphasen-Tabs und der Fernsehpräsenz gingen nun wie von selbst Türen auf, an denen sich Dygruber in der Anfangszeit den Kopf blutig geschlagen hatte. Bei *Spar* kamen die *Eurospar*-Filialen dazu, durch die TV-Werbung für die Dreiphasen-Tabs erfolgte eine Durchlistung bei *Billa, Merkur* und *Bipa* – und zu guter Letzt schaffte es *claro* auch bei der Drogeriemarktkette *dm* in die Regale. Nach drei harten Jahren schien es jetzt geschafft.

Das Alleinstellungsmerkmal, das der Marke im Zuge dieser Entwicklung verpasst worden war, hatte allerdings auch ihr Schöpfer Josef Dygruber. Der war wohl da und dort zu Kompromissen bereit, konnte mit extremer Flexibilität auf Wünsche reagieren, blieb aber seinem Wesen in jeder Situation treu. Als er zum Beispiel einen lang ersehnten Termin bei *Metro* in Düsseldorf bekam, wurde Dygruber vom damals schon kurz vor der Pensionierung stehenden Einkaufsleiter äußerst rüde empfangen. Als er ihm die Hand zur Begrüßung entgegenstreckte, knurrte der Deutsche: »Sparen Sie sich das und setzen Sie sich hin. Bei uns dürfen auch Ausländer sitzen.« Das hätte wohl komisch sein sollen, aber Dygruber drehte auf dem Absatz um und beantwortete die Frage, was er denn da mache, so: »Ich fliege wieder heim. Sie können in der Zwischenzeit lernen, wie man mit Menschen umgeht, und wenn Sie das begriffen haben, komme ich wieder.«

Das passierte in einer Phase, in der *claro* jeden Auftrag gebraucht hätte, aber wenn für Josef Dygruber eine rote

Linie überschritten war, spielte das keine Rolle mehr. Nachdem er ihm auch noch erklärt hatte, dass ihn ein Geschäft nur interessiere, wenn es sich um eine faire Partnerschaft auf Augenhöhe und nicht um Imponiergehabe von oben herab handle, entschuldigte sich der Deutsche, mit dem bis dahin noch niemand in dieser Deutlichkeit Tacheles geredet hatte, und am Ende kam das Geschäft doch noch zustande: »Das war für mich ein Meilenstein«, sagt Dygruber, »weil ich diesen Auftrag so dringend gebraucht hatte, mich dafür aber nicht verbiegen ließ.«

Gänzlich unverbogen blieb er auch, als er als relativ neues Mitglied des österreichischen Markenartikelverbandes zur alljährlichen Kampagne »Achten Sie auf die Marke« eingeladen wurde und einen Plakatentwurf gezeigt bekam, auf dem rechts *claro* als das wertige Produkt präsentiert war und links *Clever* als zerknüllt dargestellte Eigenmarke. Dygruber produzierte zu diesem Zeitpunkt beide Marken und deponierte unmissverständlich, dass er da nicht mitmachen werde: »Ich kann ja nicht etwas schlechtmachen, das ich selbst herstelle.« Als ihn der damalige Markenartikelverbandspräsident, gleichzeitig Boss von einem der großen Mitbewerber Dygrubers, anherrschte: »Dann dürfen Sie halt keine Eigenmarken machen«, konterte der Attackierte ganz cool: »Interessant, dass Sie das sagen. Denn Sie sollten eigentlich schon wissen, dass Ihr Unternehmen über eine 100-Prozent-Tochter in Luxemburg die Eigenmarke für ein großes Handelshaus herstellt.«

Der Skandal war perfekt. Die Medien stürzten sich auf die David-gegen-Goliath-Story, und als Dygruber bei einem dem Eklat folgenden Briefwechsel dem Präsidenten sarkastisch empfahl »Achten Sie auf Ihre Mitglieder«, wurde er aus dem Markenartikelverband ausgeschlossen. Zwei Mitglieder, die Geschäftsführer von *Manner* und *Erdal*, gaben ihm Schützenhilfe und wurden dafür verwarnt, der Rest nahm den Ausschluss des Aufmüpfigen hin: »Das war so eine sinnbildliche Situation für das ganze Leben. Wenn du unbequem bist, bist du auch verdammt allein. Da bleiben dir nicht mehr als zwei, drei Leute – die anderen lehnen sich zurück und schauen, ob ihre Erwartung eintrifft, dass das eh nicht gut geht.«

Aber das sind keine Situationen, die an Josef Dygruber einfach abperlen, dafür ist seine Schale nicht rau genug, dafür hat er ein viel zu harmoniebedürftiges Webmuster, wie er auch selbst zugibt: »Mich haben solche Episoden schon relativ früh gefordert, weil ich ja kein wilder Hund bin. Ich war mir oft auch unsicher, ob das richtig ist, was ich da mache.« Das bestätigt auch seine Ehefrau Marietta: »Gerade am Anfang hatte er sehr zu kämpfen mit anderen Leuten. Denn du musst dich natürlich in diesem Geschäft und in dieser Position auch immer wieder mit Typen umgeben, bei denen du dich fragst, wie du das aushältst.«

Dass er es immer wieder aushielt, hatte sehr viel mit seiner persönlichen Ausgangssituation vor der *claro*-Gründung zu tun: »Man kann es drehen und wenden, wie man will: Es ist eine Niederlage, wenn du wo rausgeschmissen wirst. Und ein Kämpfer wie ich hat dann eine Rechnung offen. Die zu begleichen, war für mich in den schweren Jahren der größte Antrieb.« Wahrscheinlich führte ihn das durch die Zeit, in der *claro* als besonderes Produkt erst in seinem Kopf existierte, aber noch nicht ausgereift auf dem Fließband. In der sein unbändiger Wille, daraus eine bemerkenswerte Marke zu machen, noch stärker war als die Marke selbst. Und in der ihm schließlich noch nicht ausreichend bewusst war, dass die Entwicklung und Aufladung dieser Marke mehr Zeit und Geduld erfordern würde, als er am Anfang aufzubringen in der Lage war.

Aber Josef Dygruber setzte sich ja nicht schmollend in ein Eck, um diesen Punkt herbeizutrotzen, sondern er ließ sich immer wieder etwas Neues einfallen, um die Zeit bis dahin so zu verkürzen, dass das auch ein Ungeduldiger wie er erwarten konnte. Zugute kam ihm dabei etwas, das der damalige *Miele*-Chef Peter Graski so formuliert:»Er ist einer der fleißigsten, kreativsten und engagiertesten Menschen im Beruf, die ich kennengelernt habe – und ich habe viele kennengelernt.«

ZWEI DAMEN FÜR EIN HALLELUJA

Klar war ihm die Bedeutung von Marketing schon sehr früh gewesen. Lange, bevor sich Josef Dygruber in die Selbstständigkeit wagte, denn sonst hätte er sich wohl kaum auf eigene Kosten in diesem Segment weitergebildet. Er hatte in der Theorie seine Lektion von den Marketinginstrumenten, den »vier Ps«, natürlich gelernt: *product, price, place, promotion.* Aber die ersten drei Kategorien, Produkt- und Preisgestaltung sowie Distribution erforderten beim *claro*-Start einen derart hohen zeitlichen und energetischen Einsatz, dass der Bereich Kommunikation, der auch die Werbung umfasst, ein wenig auf der Strecke blieb.

Zuerst drehte man an der Produkt-Schraube, wodurch die Monotabs zu Zwei- und später zu Dreiphasen-Tabs wurden. Parallel dazu musste die Preisstrategie nachjustiert werden, denn Dygrubers diesbezügliches Marketingkonzept war am Anfang *penetration pricing* gewesen, also vom Auftritt her wie ein Markenartikel daherzukommen, aber trotzdem billiger zu sein als die Konkurrenzprodukte und damit den Markt zu penetrieren. Ein Prinzip, das der *claro*-Gründer aber schnell als Sackgasse erkannte: »Der Preis konnte relativ bald kein Instrument mehr sein, weil einen die Eigenmarken der Handelshäuser links und rechts überholten.« Eigenmarken, die pikanterweise auch er produzierte, um den Umsatz zu generieren, mit dem er *claro* weiterentwickeln konnte.

Also ging er richtigerweise dazu über, seine eigene Marke anderweitig »aufzuladen«, um ihr die benötigte Attraktivität auf dem Markt zu bescheren. Er ließ von der Firma *Alpla* eine ganz spezielle Flasche für den *claro*-Klarspüler designen, in die Schachteln für das Regeneriersalz als Erster die *Spill-out*-Ecken zum bequemeren Ausgießen einbauen, und die taillierten Schachteln für die Geschirrspültabs verschafften der Marke ohnehin schon ein optisches und haptisches Alleinstellungsmerkmal: »Ich habe geschaut, dass jedes Produkt eine eigene, kleine Story bekommt«, erzählt Dygruber und schmunzelt: »Einen Controller hätte man bei alldem aber nicht mitreden lassen dürfen.«

Doch es gehörte natürlich auch die große *claro*-Story erzählt, und da herrschte in der Anfangszeit dann doch noch eher eine Art John-Wayne-Marketing mit Schüssen aus der Hüfte vor, bei denen es mehr ums schnelle Ziehen als ums genaue Treffen ging. Im ersten Radio-Werbespot kopierte man die Figur des *Dschi Dsche-i Wischer Dschunior*, einer täglich im Sender Ö3 laufenden Radio-Comedy aus der Feder der bekannten Kinderbuchautorin Christine Nöstlinger und gesprochen von Burgschauspieler Wolfgang Hübsch, dessen Stimme elektronisch verzerrt wurde. Die Idee dahinter, daraus eine Werbung für *claro* zu machen, war wohl der Annahme geschuldet, dass praktisch jeder in Österreich damals die Figur und deren Sprüche kannte. Und das war gar nicht so verkehrt. Sätze wie »Muffelt ihr noch in der Matte, oder murkst ihr schon senkrechter Weise im Alltäglichen herum?« waren durch den kleinen Ö3-Wischer zu der Zeit sprachliches Allgemeingut.

Also holte Dygruber telefonisch das Okay von Christine Nöstlinger ein und setzte sich mit *claro* ein Weilchen auf die Popularität der Radio-Fantasiefigur drauf, die dann im Spot zu »Alois Claro« wurde. Was durch die phonetische Nähe zu »Alles claro« um Häuser origineller war als die damalige Werbebotschaft »Gute Qualität zum günstigen Preis«, die viel zu müde daherkam, um die große Kauflust bei der Kundschaft zu erwecken. Aber man war ja damals auch in diesem Segment noch in der Entwicklungsphase, und bei der zweiten Radiowerbung kam man dann schon ohne fremde Federn aus. In der Brauerei Kaltenhausen in Hallein fand jedes Jahr ein großes Gstanzl-Singen statt, und dadurch kam Josef Dygruber auf die Idee, die Menschen über »Alois Claro« zu einem österreichweiten Wettbewerb einzuladen: »Wir riefen unsere Kunden mit einem Ö3-Spot auf, *claro*-Gstanzl zu dichten, und bekamen fast 200 000 Rückmeldungen.« Und das war schon ein schönes Echo auf die Singerei.

Letztlich blieben diese ersten Aktivitäten im Bereich strategischer Kommunikation nach außen aber noch ziemlich hausbacken, und noch vor dem *claro*-Firmenchef erkannte sein Kooperationspartner, *Miele*-Boss Peter Graski, dass der Jungunternehmer in diesem Bereich langsam einen Zahn zulegen musste: »Er war da ein exzellenter Sparringpartner für mich, weil er mir oft Dinge gesagt hat, die mir im ersten Moment wehgetan haben, mit denen er aber absolut recht hatte«, sagt Dygruber: »Peter Graski hat, das muss ich zugeben, vor mir das Potenzial der Marke *claro* erkannt und gewusst, dass eine Premium-Marke auch Premium-Botschafter braucht. Ich habe da viel zu klein-klein gedacht und hätte mir das

Standing von *claro*, so wie es heute ist, in meinen kühnsten Träumen nicht ausgemalt.«

Durch die *Miele*-Kooperation hatte es, wie gesagt, die erste TV-Werbung für *claro* gegeben, bei der der alte Fuchs Graski dem Jungspund Dygruber auch gleich 75 Prozent der Kosten umgehängt hatte. Geld, das aber gewinnbringend angelegt war, weil der Fernsehspot Platzierungen von *Billa* bis *dm* brachte. Aber die Endverbraucher erreichte die Werbefigur »Butler James«, die *Miele*-Waschmaschinen und *claro*-Tabs anpries, nicht. Peter Graski erklärt auch, warum: »Wir hatten ja einen sensationellen Bekanntheitsgrad mit der Marke und konnten deshalb die diversen Geräte bewerben. Beim Sepp war es aber umgekehrt, der musste zu der Zeit erst seine Marke bekannt machen.«

Zu diesem Ziel führen im strategischen Marketing viele Wege. Das kann ein sensationeller Slogan sein, wie das Beispiel von *Nike* zeigt: 1988 platzierte der damals noch deutlich hinter Konkurrent *Reebok* liegende Sportartikel-Gigant den Claim »Just do it« und steigerte seinen Umsatz binnen zehn Jahren von 800 Millionen auf 9,2 Milliarden US-Dollar. Das kann ein optisches Signal sein, wie *Absolut Vodka* zeigt, wo die speziell gestaltete Flasche zum Markenzeichen mit weltweitem Wiedererkennungswert wurde und astronomische Umsatzsteigerungen brachte. Oder man wählt den Weg, mit dem Produkt ein Lebensgefühl zu verkaufen, wofür der *Marlboro*-Mann eines der besten Exempel ist. Alle diese Beispiele waren natürlich herausragende Marketing-Geniestreiche, die weltweit auch nicht jeden Tag aus dem Ärmel geschüttelt werden.

Schließlich gibt es noch die Möglichkeit, mit Testimonials zu arbeiten. Das können Stars aus Kultur oder Sport sein, aber auch fiktive Charaktere, die im Lauf der Zeit mit der Marke verschmelzen und Kultstatus erreichen. Die in Boston geborene Schauspielerin Jan Miner werden die wenigsten kennen, obwohl sie in Filmen an der Seite von Dustin Hoffman, Cher oder Bob Hoskins gespielt hat. Aber als *Tante Tilly* aus der *Palmolive*-Werbung kannten sie zwischen 1966 und 1992 alle – so wie den Satz »Sie baden gerade Ihre Hände darin.« Oder wem sagt der studierte Landwirt und freie Journalist Jan-Gert Hagemeyer etwas? Wohl kaum jemandem. Außer, er sagt »Mehr können Sie für Ihre Wäsche nicht tun«, dann weiß man, es ist der *Persil*-Mann. Und weil sie die Tochter des Leibkochs des letzten Sachsenkönigs Friedrich August III. war, sei an dieser Stelle auch Johanna König aus Dresden erwähnt. Ist Ihnen kein Begriff? Aber vielleicht als Frau *Klementine*, die in weißer Latzhose und mit weißer Schirmmütze von 1968 bis 1984 darüber informiert hat, dass mit *Ariel* gewaschene Wäsche »Nicht nur sauber, sondern rein« wird. Sie hatte nicht nur bei den Fernsehzuschauern, sondern auch im Unternehmen Kultstatus und erhielt nach dem Ende ihrer Werbekarriere von *Procter & Gamble* einen PR-Vertrag auf Lebenszeit. Ihr Waschpulver musste sie natürlich auch nie mehr im Laden kaufen.

Aber solche Werbefiguren zu erschaffen, erfordert nicht nur ein glückliches Händchen, sondern auch viel Zeit. Und die hatte Josef Dygruber nicht, als es galt, seine Marke durch Fernsehwerbung auf den nächsten Bekanntheitslevel zu hieven. Also kam es darauf an, rasch eine prominente Persönlichkeit als *claro*-Testimonial zu finden. Während ihm sein Berater und Freund Peter Graski in den Ohren lag, unbedingt die populäre Musical- und Operettendiva Dagmar Koller zu engagieren, flüsterten ihm andere ein, er sollte die TV-Sprecherin Marie-Christine Giuliani nehmen, die man auch aus Sendungen wie *Wer bietet mehr?* oder *Millionenrad* kannte. Dygruber war im Zwiespalt, weil er zwar ahnte, dass Graski mit der Devise »Klotzen statt kleckern« recht hatte, andererseits aber nicht zu viel Geld ausgeben wollte.

Auf seiner Lieblingsinsel Fuerteventura wollte er sich die Sache noch einmal in Ruhe durch den Kopf gehen lassen, aber – was für ein Zufall – auch Graski weilte zu der Zeit auf der Insel und kam mit dem Taxi zu Dygruber in den Ferienklub: »Bub, trau dich da drüber«, beschwor er ihn, sich für die Koller zu entscheiden: »Vergiss alles andere, du wirst sehen, das rechnet sich.« Ob es die Eindringlichkeit war, mit der ihn der väterliche Freund in diese Richtung schubste, oder das Faktum, dass auf der kanarischen Insel keiner war, der ihm davon abraten konnte – oder ob einfach der Mut zum Schritt gereift war: Josef Dygruber traf in dem Moment die Entscheidung, nach seiner Rückkehr bei Dagmar Koller anzurufen.

Wenig später kam es beim Meinl am Graben zum ersten persönlichen Treffen, und als der Tafelspitz kredenzt wurde, machte Josef Dygruber, wie er es von daheim gewöhnt war, ein Kreuzzeichen: »Mein Gott«, sagte die Koller ganz aufgeregt, »ich würde das auch so gern machen, aber ich schäme mich zu sehr, ich trau mich das nicht.« Darauf Dygruber: »Ich schäme mich nicht. Ich bin so erzogen worden, und ich mache das so.«

Man verstand sich auf Anhieb gut, und wenig später läutete Dygruber an der Wohnungstür in der Naglergasse, um die Details zu fixieren. Oben in der Wohnung ange-

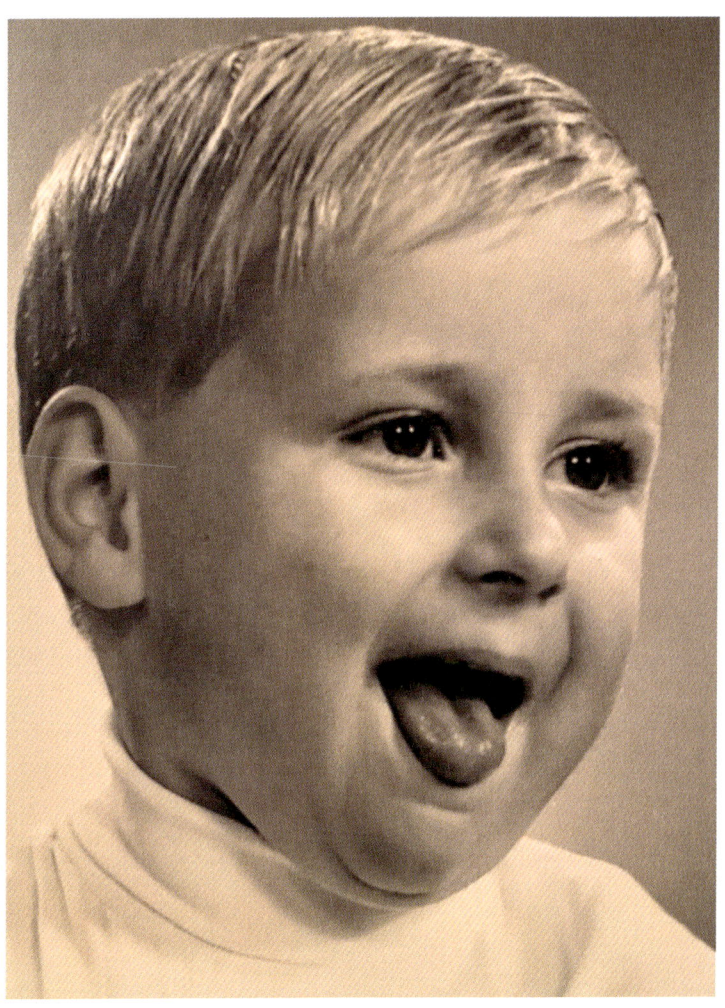

Sepp Dygruber im Alter von etwa zwei Jahren bei seinem ersten
»Shooting« im Halleiner Fotostudio Holzer.

Der *claro*-Gründer an seinem Kraftplatz am Mondsee,
den er immer wieder als ganz privaten Rückzugsort nützt.

Der Familienmensch mit seinen Eltern Hanni und Sepp Dygruber senior beim Winterstellgut in Annaberg.

Tochter Laura schloss ihre Ausbildung in Unternehmensführung ab und möchte eines Tages in Vaters Firma.

Im Oktober 1995 präsentierte die *claro*-Mannschaft der ersten Stunde stolz die erste Palette mit Tabs.

Das Handelsunternehmen Globus flog für ein Kundenmagazin-Interview mit dem *claro*-Chef aus Deutschland ein.

Anfangs war *claro* ein »Fall für zwei«: Sepp Dygruber und sein Chemiker Erich Fabianitsch 2010 in der Produktion.

Mit Dagmar Koller, hier bei den Werbeaufnahmen im Filmstudio in Wien, wurde die Marke 1999 über Nacht populär.

In den mageren Jahren hatte er ihr die Treue gehalten, 2011 belohnte Anna Veith Sponsor Dygruber mit dem WM-Titel.

Dygruber mit den von *claro* gesponserten SkiläuferInnen: V. l. n. r.: Thomas Tumler (CH), Marc Digruber (Ö), Christof Brandner (D), Michaela Dygruber (Ö), Dominik Schwaiger (D) und Mirjam Puchner (Ö).

Der Triathlon in Klagenfurt war für Dygruber (hier bei der Radetappe) auch ein Synonym für seinen Weg mit *claro*.

Langer Atem in der Wirtschaft und im Sport: Sepp Dygruber beim Ironman-Zieleinlauf 2016 im Wörthersee Stadion.

kommen, durchzuckte den *claro*-Chef zunächst einmal ein heftiger Schreck. Denn da saß, nur in einen Bademantel gehüllt, Dagmar Kollers Ehemann Helmut Zilk, damals Bürgermeister von Wien, und befahl den Gast mit einer Handbewegung an seine Seite. Er legte den Arm um ihn, schaute ihm tief in die Augen und sprach:»Dygruber, du hast es eh so schwer als kleiner Österreicher gegen die Multis. Da müssen wir zusammenhalten, und du wirst sehen, wir kommen da schon hin. Aber eines sag ich dir gleich: Das Finanzielle machen wir zwei, weil wenn du die Dagi so anschaust, traut sie sich nichts zu verlangen. So, und jetzt essen wir eine Cremeschnitte.«

Und dann aßen sie eine Cremeschnitte. Auf der Couch. Der Zilk im Bademantel und der Dygruber im Anzug.

Wenig später, nachdem sich der *claro*-Chef mit Dagmar Koller über Helmut Zilk einig geworden war, wurde im Studio gedreht, und in kürzester Zeit war der Spot im Kasten. Der Musicalstar hatte in professioneller Schusseligkeit mit liebreizendem»Oje« das»Energy Tab« ins Wasserglas fallen lassen, um danach zu bestaunen, wie sich die Folie in Windeseile auflöste. Die männliche Stimme im Hintergrund kam damals übrigens von Christoph Grissemann, dem heutigen Moderator von *Willkommen Österreich*.

Der Werbespot ging auf Sendung, und da wusste Josef Dygruber, dass jeder Tausender an Beraterhonorar, den er Peter Graski überwiesen hatte, bestens investiert gewesen war. Der»Koller-Effekt« machte *claro* praktisch über Nacht österreichweit bekannt, das kurze Werbefilmchen erreichte fast Kultstatus, und im *claro*-Headquarter in Mondsee entschuldigte sich Sekretärin Susi bei ihrem Chef. Die hatte ihm nämlich angedroht:»Wenn du die Koller nimmst, gehe ich.« Sie ist heute noch da, und Josef Dygruber wird nach so vielen Jahren noch euphorisch, wenn die Rede auf sein Testimonial kommt: »Die Dagmar Koller zu verpflichten, war in 25 Jahren sicher das Geilste, das wir machen konnten. Die hat ein Produkt wie ein Geschirrspültab sexy gemacht.«

Es lohnt sich, einen genaueren Blick auf dieses Phänomen zu werfen. Denn einerseits verband man den Musical-Star in keiner Weise mit so einem Produkt, und andererseits neigte sich auch die glanzvolle Karriere langsam dem Ende zu. Also was machte es aus, dass diese Frau diese Wirkung erzielen konnte? Einerseits gewiss das, was Angelika Hager im *profil* so formulierte: »Die Koller ist eine Supermacht an Authentizität.« Aber da ist noch mehr: Sie ist ein Mensch, der, egal, ob man Musicals, Operetten oder ihre Filme mag, unabhängig davon, ob sie gerade als kultivierte Lady, flippiges Glamour Girl oder als Grande Dame von Wien auftrat, vorbehaltlos sympathisch bei den Menschen ankommt. Die viel zu früh verstorbene Kolumnistin Marga Swoboda beschrieb das einmal sehr schön: »Sie war für mich in der ersten Sekunde ein Hammer. Das war so, wie wenn man sich in jemanden verliebt.«

Dagmar Koller ist ein Volksliebling im allerbesten und unverdächtigsten Sinn. Und am Image von so jemandem anzudocken, war für *claro* ein Hauptgewinn.

Dazu kam noch diese leicht schusselige, naive Art, mit der sie im Werbespot rüber kam und die wahrscheinlich nur zum Teil gut gespielt war. Im *profil*-Interview anlässlich ihres 80. Geburtstages sagte sie selbst: »Ich liebe mein kindliches Gemüt. Ich liebe meine Naivität. Ich habe es oft sehr lustig mit mir.« So eine Grundhaltung überträgt sich, und ein bisschen, in den hintersten Winkeln ihrer Seelen, wären ja auch jene, die sich bei Dagmar Koller genau darüber lustig machen, manchmal gern selbst ein wenig kindlich und naiv. Und hätten es vor allem gern öfter lustig mit sich selber. Somit wurde diese Frau für *claro* wahrscheinlich auch deshalb zum Goldgriff, weil sie nicht nur einen professionellen Spot abgedreht, sondern ein erfrischendes, fröhliches Lebensgefühl vermittelt hatte. Als quietschfidele Antithese zum raunzenden und schwarzmalenden Österreich, als Botschafterin für ein Land des Lächelns. Genau so jemanden hatte Josef Dygruber in diesem Moment gebraucht.

Vier Jahre lang arbeiteten Koller und *claro* zusammen, und diese Kooperation 2003 nicht mehr verlängert zu haben, sieht Josef Dygruber heute noch als Fehlentscheidung: »Wir starteten damals mit unserer Marke in Griechenland, und ich muss sagen, da ging der Esel aufs Glatteis, weil ich mir dachte: Was mache ich dort mit der Koller? Dabei hätte ich draufbleiben sollen und mit ihr die Basis in Österreich weiter absichern.« In Kontakt blieb man aber auch so, und in gewisser Weise ist die Diva mit dem sonnigen Gemüt eine Werbebotschafterin geblieben. Als sie viele Jahre später in der Late-Night-Show *Willkommen Österreich* eingeladen war, beantwortete sie gleich beim Einstieg die Frage nach ihrem Befinden mit »Alles claro« und verwickelte Moderator Christoph Grissemann wenig später gleich in ein Gespräch über den damaligen gemeinsamen Werbedreh. Ein Vollprofi halt. Und ein überaus sympathischer dazu.

Vier Jahre nach dem Ende der Zusammenarbeit mit Dagmar Koller klopfte in Adnet ein gewisser Peter Fenninger im Haus Dygruber an die Tür, ein ehemaliger Mitschüler des *claro*-Gründers. Man setzte sich an den Küchentisch, und dort fragte Fenninger, ob *claro* nicht seine damals 18-jährige Tochter Anna unterstützen könnte, die nach großartigen Erfolgen im Ski-Europacup nun zunehmend auch im Weltcup zum Einsatz kam und von vielen als zukünftige Nachfolgerin der großen Annemarie Moser-Pröll gehandelt wurde. Dygruber hatte bis dahin gelegentlich den Radclub Hallein ein wenig gesponsert, war aber sonst im Sport nicht in Erscheinung getreten. In erster Linie der gemeinsamen Schulzeit mit dem Vater wegen und weil das talentierte Mädel wie er aus Adnet stammte, sagte er aber ja. Auf einen Zettel kritzelten sie die Bedingungen, und dieses Stück Papier wurde der erste Sponsorvertrag der späteren Olympiasiegerin, Weltmeisterin und Weltcup-Gesamtsiegerin.

Aber damals war von solchen Triumphen noch lange keine Rede, denn da sah es einmal zwei, drei Jahre danach aus, als hätten sich die Experten mit ihren Prognosen für die strahlende Zukunft des Salzburger Ski-Sternchens gewaltig getäuscht. Dygruber sprang jedoch nicht ab, auch nicht, als immer mehr »Freunde« meinten: »Das mit der Fenninger wird nichts mehr werden, da hast du wohl aufs falsche Pferd gesetzt.«

Im Jänner 2011 kam der *claro*-Chef dann von einer Dienstreise nach Moskau zurück, und bei der Heimfahrt nach der Landung hörte er im Radio die Liveübertragung von der Ski-WM in Garmisch-Partenkirchen. Und er war noch immer nicht bei sich zu Hause angekommen, als alle paar Sekunden eine SMS-Nachricht eintrudelte. An die 100 davon sollten es an diesem Tag noch werden, denn Anna Fenninger hatte die Super-Kombination gewonnen und war Weltmeisterin geworden. Und etliche, die ein Jahr davor noch vom »falschen Pferd« gesprochen hatten, kamen nun angaloppiert, um ihn zu seinem guten Gespür zu beglückwünschen: »Ich hatte mir diese Typen ja alle gemerkt«, sagt Dygruber, »und diese Befriedigung, mir denken zu können, dass die mir allesamt den Buckel runterrutschen können, war schöner als alles Geld der Welt.«

Aber neben diesem Glücksgefühl, so manchem Besserwisser davongewedelt zu sein, hatte er schon auch handfeste pragmatische Gründe, ein wenig zu feiern. Denn *claro* hatte nach dem Erfolg mit Dagmar Koller als Werbebotschafterin damit an eine zweite, im Marketing ausgesprochen wertvolle Message angedockt: Die Marke war nun Partner einer Siegerin. Warum das so wichtig ist, erklären die Marketing-Gurus Franz-Rudolf Esch und Thorsten Möll im Buch *Best Practise der Markenführung*, indem sie, basierend auf neuronalen Studien, feststellen: »Starke Marken unterscheiden sich von schwachen Marken nur durch positive Emotionen.«

Diese zu erzeugen, wenn auch auf einer anderen Ebene, war *claro* nun dank zweier starker Frauen zum zweiten Mal gelungen. An diesem Punkt ist man nämlich nicht mehr vorrangig in der Wirtschaft, sondern in der Psychologie. Anders wäre es nämlich nicht zu erklären, dass sehr viele Menschen die erfolgreiche Skirennläuferin, die inzwischen nach ihrer Heirat Anna Veith heißt, auch noch mit *claro* in Verbindung brachten, nachdem sie längst einen anderen Sponsor gefunden hatte. Und dass es heute noch zahlreiche Käufer für Skihauben mit dem Firmenlogo *claro* gibt, obwohl die aktuell von Dygruber gesponserten Skiläufer bei Weitem nicht die Erfolgsvisitenkarte von Anna Veith vorweisen können. Aber mit diesem WM-Titel war etwas geschaffen worden, das im Marketing »positives Vorurteil« heißt, eine Verknüpfung von Marke und Erfolg, die im besten Fall ewig hält.

Die von René Descartes auf den Punkt gebrachte Ratio (»Ich denke, also bin ich«) würde nämlich feststellen, dass Veith einen anderen Sponsor hat und ihre Nachfolger nicht so viel gewinnen. Aber dieser Ansatz wird nach Esch und Möll in solchen Zusammenhängen abgelöst von »Ich fühle, also bin ich«, was sie als »Vernunft der Emotionen« bezeichnen. Und dementsprechend hat *claro* im Skisport (und von der psychologischen Wirkung weit darüber hinaus) das Thema »Sieg« besetzt, egal, ob das aktuell gerade stimmt oder nicht. Dazu ein Beispiel aus einer ganz anderen Branche, das zwei Automarken betrifft: Der einen haftete das Vorurteil an, dass die Fahrzeuge schon im Prospekt zu rosten beginnen, die andere galt als Inbegriff von Zuverlässigkeit und Sicherheit. Die Rost-Unterstellung hielt sich hartnäckig, obwohl sie spätestens seit den 80er-Jahren grober Unfug war – hier griff das negative Vorurteil. Und dem positiven Vorurteil vom Inbegriff der Sicherheit konnte nicht einmal das Umkippen beim Elchtest etwas anhaben. So funktioniert emotionale Vernunft. Schräg, aber nachhaltig.

Die Marke *claro* hatte mit Dagmar Koller und Anna Veith zweimal in den Goldtopf gegriffen, aber die Entstehungsgeschichten dieser Entscheidungen zeigen, wie viele

Faktoren über Gelingen oder Misslingen entscheiden können. Man kann es Josef Dygruber nicht nur nicht vorwerfen, in der damaligen Situation lange über das Koller-Engagement nachgedacht zu haben, sondern es wäre fahrlässig gewesen, das nicht zu tun. Er musste so viel Energie und auch finanzielle Mittel in einen Produktentwicklungs- und Vertriebsaufbaukampf investieren, dass die Vorbehalte gegen eine teurere Entscheidung im Marketingbereich kein Indiz für unternehmerischen Kleingeist waren. In der Brust von Dygruber musste der risikobereite Draufgänger zuerst mit dem nüchtern kalkulierenden Sparefroh in den Ring steigen, ehe die Intuition grünes Licht für Koller geben konnte.

Und bei Anna Veith war es definitiv das Webmuster des Menschen Josef Dygruber, das dafür verantwortlich war, den Erfolg abwarten zu können. Da kamen nämlich Faktoren wie Treue und Heimatverbundenheit dazu, die man in keinem Wirtschaftslehrbuch findet. Aber gerade in solchen Situationen trägt die Geschichte von *claro* besonders deutlich die Handschrift des Firmengründers.

IN DER UMSATZFALLE

Als am 15. September 2008 in der Seventh Avenue in Manhattan die Investmentbank Lehman Brothers kollabierte und mit Außenständen von 613 Milliarden US-Dollar nicht nur das Finanzsystem der Vereinigten Staaten an den Rand einer Kernschmelze bugsierte, sondern mit diesem gigantischen Bankrott weltweit Panikreaktionen und milliardenteure Bankenrettungen auslöste, blieb in Mondsee einer, der gerade erst 3,5 Millionen Euro in eine neue Tablettenpresse investiert hatte, ganz ruhig. Die Finanzierung seiner hochmodernen Maschine war durch einen Kredit aus dem *European Recovery Program (ERP)* erfolgt, der nur mit einem Prozent verzinst und zwei Jahre tilgungsfrei gestellt war, die eigene Marke *claro* entwickelte sich seit dem Werbe-Coup mit Dagmar Koller relativ zufriedenstellend, und die Auftragslage für Fremdpressungen, mit denen die *Private-Labels* der großen Handelshäuser bedient wurden, war gut. Also las Josef Dygruber zu dieser Zeit von Krise nur in der Zeitung, denn bei ihm kam sie nicht an.

Noch nicht, weil ihm zu diesem Zeitpunkt nicht bewusst war, dass er schnurstracks unterwegs in die Umsatzfalle war. Denn die Investition in die neue Presse erforderte natürlich eine entsprechende Auslastung, die wiederum immer mehr Umsatz brachte und diesem als unternehmerischer Kennzahl einen mit der Zeit gefährlichen, weil trügerischen Stellenwert bescherte. Dygruber sagte in dieser Phase des »Management by Kontostand« zu keinem Auftrag Nein, denn schließlich galt es ja, die 3,5 Millionen Euro für die neue Maschine so schnell wie möglich wieder zu erwirtschaften. Wenn dann mit der Zeit jeder Umsatz als guter Umsatz wahrgenommen wird, ist man als Unternehmer bereits auf einem Auge erblindet und damit logischerweise nicht mehr in der Lage, seine eigentlichen Risiken noch klar zu sehen. Und so zählte auch Josef Dygruber zwar das Geld, das hereinkam, vergaß dabei aber auszurechnen, wie viel davon gleich wieder weg sein würde.

Es war nämlich, zu lange unbemerkt, bereits eine Abwärtsspirale in Gang gesetzt worden, die vier Jahre nach dem Kauf der neuen Tablettenpresse beinahe das ganze Unternehmen in den Abgrund gerissen hätte. Die jährlichen Umsatzsteigerungen machten sich optisch schmuck in der Firmenstatistik, aber was dann am Ende des Jahres tatsächlich als Gewinn verbucht werden konnte, war zuerst wenig, dann nichts, und im Jahr 2012 blieb vom Rekordumsatz von 22 Millionen Euro unterm Strich ein Verlust von einer Million übrig. Das war ein Genickschlag, der *claro* als Unternehmen beinahe das Leben gekostet hätte, zumal die Firma kurz davor auch noch einem Betrüger auf den Leim gegangen war und 600.000 Euro für unbezahlte Forderungen hatte ausbuchen müssen.

Ein »Gentleman-Gauner« aus Deutschland war, gekleidet wie ein Vorstandsvorsitzender, eloquent, charmant und weltmännisch im Auftreten und umgeben von einem Stab devoter Assistenten, bei *claro* aufmarschiert und hatte als Zwischenhändler Bestellungen in großem Stil aufgegeben. Und das alles mit *cash in advance*, also Bezahlung noch vor Lieferung. Das sah zunächst nicht nur aus wie ein exzellenter Deal, sondern es war auch einer, solange tatsächlich Geld floss. Deshalb dachte sich zunächst auch noch niemand etwas dabei, als der Deutsche im Zuge einer Bestellung beiläufig ersuchte, künftig auf Rechnung zu liefern. Erst als sich die Außenstände auf eine Million Euro beliefen, schrillten beim damaligen Prokuristen die Alarmglocken. Josef Dygruber konnte zwar noch 400.000 Euro eintreiben, den Rest musste man aber als uneinbringlich abschreiben. Später stellte sich heraus, dass *claro* schon die dritte Firma gewesen war, die der Betrüger auf die Art abgezockt hatte, aber das war in dieser Situation niemandem ein Trost. Schon gar nicht dem Prokuristen, der so lange zugewartet hatte und von dem sich Dygruber danach trennte.

Und nun, da ihm auch noch die Jahresbilanz im Umsatz-Rekordjahr um die Ohren geflogen war, war für Josef Dygruber nur noch eines »claro«: Dass der Hut lichterloh brannte und sich zunächst einmal weit und breit niemand fand, der ihm in dieser Situation aus der Patsche half. Aber was war passiert? Ein klassischer Managementfehler unter Umsatzdruck nach einer großen Investition, ein schwerer Schnitzer in der Kalkulation, entstanden aus der Fokussierung darauf, die neue Maschine auszulasten, was den Blick aufs große Ganze zu sehr verengte: »Ich hatte nur noch das im Auge und dabei zu lange übersehen, dass ich viel zu wenig profitablen Umsatz gemacht habe, weil ich mich zu sehr auf Auftragsvolumen konzentriert hatte«, weiß Dygruber heute: »Da war nichts anderes und kein anderer schuld, da habe ich allein gehörig danebengehaut.«

Ein notwendig gewordener genauer Blick offenbarte das ganze Dilemma. Vom gesamten Umsatz generierte er 70 Prozent mit den viel zu wenig profitablen Eigenmarken für die Handelshäuser und nur 30 Prozent mit seiner eigenen Marke *claro*. Dazu war die Eigenmittelquote im Unternehmen in die Nähe von bedrohlichen acht Prozent zusammengeschmolzen, und es drohte eine Reorganisation. Es begannen deprimierende und nervenaufreibende Wochen für Josef Dygruber, der in dieser Zeit nur über eines froh war: »Meine Tochter Laura war von der Schule aus gerade ein Jahr in den USA, und mein Sohn Josef noch zu klein. Es hätte für mich alles noch viel schwerer erträglich gemacht, wenn meine Kinder mitbekommen hätten, wie ihr Vater leidet.«

Dygruber fand sich plötzlich in der verhassten Rolle eines Bittstellers wieder, aber er war bereit, alles zu tun, um sein betriebliches »Kind« *claro* zu retten. Er flog nach Düsseldorf, um einen betuchten Freund zu bitten, ihm eine Million Euro zu leihen, doch der winkte ab. Er flog nach Barcelona zu einem befreundeten Firmeninhaber und bot dem 74 Prozent seiner Firma an, aber auch dieser verweigerte. Niemand war in dieser kritischen Situation bereit, ihm zu helfen: »In Wirklichkeit hat einfach keiner daran geglaubt, dass ich die Kurve noch einmal kriegen kann. Nicht einmal die, die mir jahrelang auf die Schulter geklopft hatten.« Es war eine sehr einsame Zeit für Josef Dygruber, in der er das aber nur daheim in Adnet auch zeigen konnte: »Meine Frau Marietta war mir da ein riesiger Rückhalt, indem sie mir oft einfach nur zugehört und mich aufgebaut hat. Und sie hat mir in dieser Zeit das Gefühl gegeben, dass mir im Privaten auch bei einer Pleite nichts

Schlimmes passieren könnte, denn kennengelernt hatten wir einander ja auch ohne Firma, also hat das immer wieder manches relativiert.«

Aber die, die ihm am nächsten standen, bekamen natürlich auch am intensivsten mit, wie wichtig ihm dieser Kampf um den Betrieb war, und wie sehr ihn eine Niederlage brechen würde. Und dort, am einzigen Platz, an dem er zu dieser Zeit noch Unterstützung erfuhr, half man auch mit Gesten, die ihn zu Tränen rührten. So fuhr sein Vater mit ihm zur Bank und gab ihm seine gesamten Ersparnisse. Das war zwar, gemessen am tatsächlichen Finanzbedarf, ein Tropfen auf den heißen Stein, für Josef Dygruber aber ein gewaltiges Animo, im Kampf um sein Unternehmen notfalls Berge zu versetzen.

Schließlich fand er eine Bank, die an sein Konzept glaubte und bereit war, ihm mit einem Kredit die Chance auf einen »Turn-around« in der Firma zu geben. Dygruber konnte seinen Teilhaber auszahlen, und obwohl mit diesem Schritt nun alles auf seinen Schultern lastete und die mühevolle Arbeit erst begann, verspürte er in diesem Moment ein Gefühl großer Freiheit und Erleichterung. Unmittelbar nach der Unterschriftsleistung beim Notar, mit der claro nun ihm allein gehörte – wenn auch zu diesem Zeitpunkt als Riesenbaustelle – fuhr er in die Kirche nach Maria Plain bei Salzburg und zündete dort eine Kerze an: »Ich bin kein Mensch, der Rituale braucht, aber mir war in dem Moment einfach danach.« Daheim köpfte er an diesem 12. März 2014 mit Ehefrau Marietta eine Flasche Moët & Chandon und beschloss mit ihr gemeinsam, diesen Tag künftig als Familienfeiertag zu zelebrieren.

Schon am nächsten Morgen begann er das Unterfangen, die Firma nun so aufzustellen, dass sie nie wieder in eine derartige Situation geraten konnte. Er hatte sich verzweifelt bemüht, das nötige Geld für den Neustart aufzutreiben, und er hatte schwarze Stunden durchlebt, in denen er »durch die Hölle gegangen« war, weil er nur noch die drohende Pleite vor sich sehen konnte. Aber trotzdem war Josef Dygruber die ganze Zeit aktiv gewesen, um sich für den Tag zu rüsten, an dem all das hinter ihm liegen würde. Dazu gehörte am Anfang aber auch eine schmerzhafte, weil schonungslose Selbstanalyse: »Es war schon schlimm, realisieren zu müssen, dass ich viel Geld verloren hatte. Aber noch ärger war, mir einzugestehen, dass ich bis 2012 keine klare Strategie gehabt hatte, denn sonst wäre ich nie in diese Situation gekommen.«

Josef Dygruber wusste aber auch, dass er in diesem seelischen Ausnahmezustand aus seinem Gedankenschungel alleine nicht herausfinden würde und holte sich Hilfe bei Jürgen Graner, einem befreundeten CEO-Coach aus San Diego. Ein in den USA lebender gebürtiger Wiener, der seinen MBA an der London Business School gemacht hatte und auf Situationen wie jene, in der sich Dygruber befand, spezialisiert war. Nächtelange Skype-Sitzungen und intensive Klausuren in einem kleinen Hotel in Adnet schärften dann auch dessen Bild davon, wohin er nach dem Beinahe-Schiffbruch mit *claro* steuern wollte: »Allein hätte ich mich da sicher verrannt und hätte in meiner Aufgewühltheit wahrscheinlich falsche Entscheidungen getroffen«, erinnert sich Dygruber an diesen für ihn so wichtigen Austausch mit dem Mann, der seither fix in seinem Beraterstab ist. Denn dass er selbst kurz vor dem großen Crash seinen

MBA in General Management abgeschlossen hatte, half ihm in der Situation auch nicht weiter:»Was du in diesen brutalen Momenten erlebst, das lehrt keine Uni.«

Die Unerbittlichkeit, mit der es ihn zu Boden geworfen hatte, zwang den *claro*-Gründer nach dem Wiederaufstehen zu einem ungeschönten Rückblick. Denn in einer Krise zerbröselt die Schutzhülle der Alltagsroutinen, sodass Stärken und Schwächen, Qualitäten und Irrtümer in schonungsloser Deutlichkeit sichtbar werden. Natürlich nur, wenn man gewillt ist, auch hinzuschauen, aber das war Josef Dygruber ja. Und so erschlossen sich ihm einige spannende Facetten seines eigenen unternehmerischen Innenlebens.

Josef Dygrubers Eigenschaften als willensstarker, fleißiger und ausdauernder Vertreter seiner eigenen Sache waren extrem wichtig gewesen in der Gründungsphase. Nur hatte er da mehr als Außendienst-Profi, nicht als Firmenlenker gehandelt. Sein hartnäckiges Anklopfen an die Türen der großen Handelshäuser war unverzichtbar gewesen für den Vertrieb. Aber da hatte er mehr als Keiler und Klinkenputzer und nicht als Kapitän agiert. Das zunehmende»Ghostpressen« für fremde Eigenmarken war gut gewesen als Umsatzbringer. Aber dadurch war er mehr Dienstleister als Unternehmer geworden.

In diesem Moment musste Josef Dygruber die Erfahrung machen, dass ihn Attribute wie fleißig, hartnäckig und tüchtig gleichzeitig auszeichneten und behinderten, so wie er die Sache anlegte. Denn niemand kann gleichzeitig Stände aufbauen, Schachteln schlichten und sinnvoll perspektivisch planen. Da klebt man mit der Nase zu sehr am täglichen Fronteinsatz, während man eigentlich auf einer Metaebene den Kopf frei haben sollte, um stimmige Strategien zu kreieren. Und schließlich kann sich auch niemand mit der Aufmerksamkeit und auch Ausschließlichkeit, die es verdiente und bräuchte, um einen Markenaufbau kümmern, wenn er ständig bemüht sein muss, sich als Lohnpresser für andere über Wasser zu halten.

Um es auf den Punkt zu bringen: Die ursprüngliche Idee von Josef Dygruber war gewiss gewesen, *claro* als Marke zu entwickeln und nebenbei mit Auftragsarbeiten für große Handelshäuser den finanziellen Spielraum dafür zu schaffen. Dabei hatte er aber irgendwo auf dem Weg übersehen, wie seine eigene Marke ins Nebenbei abglitt und sich das Fremde ins Hauptsächliche schlich. Jetzt konnte – oder musste – er es in der eigenen Umsatzstatistik nachlesen. 70 Prozent fremde Eigenmarken, 30 Prozent *claro*. Das war keine rasante Markenentwicklung, sondern eine schleichende Markenentwertung geworden.

Josef Dygruber war immer ein kreativer Kopf gewesen, hatte sich aber stets den Spielregeln des Systems unterworfen. Ein Freigeist in Käfighaltung, könnte man sagen. Einer, dem so vieles eingefallen war im Lauf der Jahre, nur nicht, eigene Regeln für sein Produkt zu definieren. Er hatte, wie im System eben üblich, bei gewissen Dingen mitgemacht, die ihm im Prinzip zuwider waren, bei denen er sich aber noch einreden konnte, dass es wohl so gehören müsse, wenn das alle machen. Als er die ersten Listungen mit *claro* bekam, war er gezwungen, beim Einkäufer eine Absatzprognose für die nächsten sechs Monate zu deponieren:»Das war ein Tanz auf der Rasierklinge. Wenn die Zahl, die du genannt hast, zu niedrig war, hat er dich erst gar nicht genommen. War sie aber zu hoch und du hast sie nicht erreicht, bist du nach einem halben Jahr wieder aus dem Regal rausgeflogen.« Um Letzteres zu vermeiden, kann man Firmen beauftragen, die *Mistery-Shopper* ausschicken und so für die nötigen Verkaufszahlen sorgen. Da landen die Waren zwar im Endeffekt wieder im Lager des Herstellers, aber man fliegt beim Händler wenigstens nicht aus dem Regal. Ein Trick, den auch Josef Dygruber in der *claro*-Anfangszeit zweimal anwandte.

Und dann kamen aber auch Dinge vor, bei denen er nicht mitmachte, weil ihm die um ein Eckhaus zu unsauber waren. Als ihn zum Beispiel eines Tages ein Händler anrief, für den er Eigenmarken-Tabs presste, und sagte: »Dygruber, Sie müssen jetzt mit den Enzymen rauffahren.« Auf die Nachfrage, warum er diesen teuren Rohstoff plötzlich höher dosieren sollte, bekam er zur Antwort, dass jetzt dann die Tester von *Stiftung Warentest* ihre Einkäufe machen würden, und da sollte das Produkt rechtzeitig gepimpt werden, um möglichst gut abzuschneiden: »Das habe ich abgelehnt«, erzählt Dygruber, »weil das in meinen Augen eine reine Kundenverarschung ist.«

Nun soll hier auf keinen Fall unterstellt werden, dass so eine Praxis Usus in der Branche ist, aber es wirft schon Fragen auf, warum immer wieder kostengünstig produzierte No-Names besser abschneiden als teure Marken mit großen Forschungs- und Entwicklungsabteilungen. Denn da diese oft von denselben Förderbändern kommen und nicht dieselbe Rezeptur enthalten wie die High-End-Produkte der großen Marken, kommt einem das in manchen Fällen so vor, als hätte hier die »Al-Chemie« die Hände im Spiel.

Jedenfalls begann Josef Dygruber auch damit, sein Engagement für Eigenmarken der großen Handelshäuser zu überdenken. Denn, auf den Punkt gebracht, betrieb er eine Produktion für sein eigenes Markenprodukt, die aber gleichzeitig Kopieranstalt für denselben Handel war, den er eigentlich von seiner Marke überzeugen wollte. Und die Tendenz in den großen Handelskonzernen wie *Spar* oder *Rewe* geht deutlich in Richtung Eigenmarken, wie das Magazin *DOSSIER* in einer Reportage vom September 2020 mit dem Titel »Alles Fassade« dokumentierte. Da waren zum Beispiel unter den Top-Ten-Produkten im Online-Shop von *Interspar* bereits sieben Eigenmarken vertreten. Beide Handelsriesen haben zum Beispiel auch eigene Weingüter, die für die Konzernregale produzieren, und es gibt kein Indiz dafür, dass diese Entwicklung nicht auch bald weitere Sparten erfassen wird, in denen derzeit noch externe Markenartikler aktiv sind.

Im Sommer 2020 übersiedelte *claro* mit dem Unternehmen von Mondsee nach Anif bei Salzburg. Im Zuge dessen wurde auch das *Private-Label*-Geschäft an Lohnproduzenten ausgelagert. Für Josef Dygruber war das ein historischer Moment, weil er damit ein Kapitel schließen konnte: »Ich hole die Eigenmarken sicher nicht mehr zurück.« Das ist für ihn zu einhundert Prozent »claro«.

Denn er hat seine Lektion in diesen bitteren Monaten 2012/13 gelernt. Was seine Performance als Firmenlenker betrifft ebenso wie als Markenentwickler. Er hat das Ruder in allen entscheidenden Bereichen erfolgreich herumgerissen – von der Identität seiner Marke, die ein klares, unverwechselbares, ökologisch hervorstechendes Gesicht als *Green Brand* bekam, bis hin zu seiner eigenen Identität als Unternehmer, der gelernt hat, sich und seine besonderen Fähigkeiten nicht als Tausendsassa zu verheizen, sondern

zu delegieren und zu lenken. Josef Dygruber hat sich ange-
eignet, die Dinge, die Chefsache sind und bleiben müssen,
von der richtigen Position und Perspektive aus zu steuern.
Und in der Retrospektive ist er heilfroh, dass damals, 2012,
keiner an ihn geglaubt und ihm geholfen hatte: »Ich hätte
dabei ja nur Teufel getauscht und wäre ein Unternehmer
im Korsett geworden.«

Josef Dygruber hat gelernt, dass es kein Indiz für
Schwäche ist, wenn man Rat bei anderen sucht, die in Bereichen eine Expertise vorweisen können, die einem selbst
in dem Ausmaß fehlt. Er hat sich nicht nur mit Fleiß, Engagement und Kreativität aus der schwersten Krise für
sich und sein Unternehmen herausgearbeitet, sondern
auch dadurch, dass er seine Marke endlich deren Potenzial
entsprechend gefördert und entwickelt hat.

Er hatte natürlich auch einfach Glück in gewissen Momenten. Aber wie sagt sein Freund und langjähriger Berater Peter Graski: »Wenn der Sepp Glück hatte, war es immer das Glück des Tüchtigen.«

DER GRÜNE FADEN

Das Thema Nachhaltigkeit hat sich zu einem Leitbild des 21. Jahrhunderts gemausert. Aber wer jetzt meint, das wäre eine Erfindung unserer aktuellen Zeit, in der immer mehr Menschen bewusst wird, dass einem hemmungslosen Konsumrausch auch irgendwann ein gewaltiger Kater folgen muss, der irrt. Schon ein Irokesenstamm in Nordamerika verpflichtete vor vielen Hundert Jahren seine Häuptlinge, Entscheidungen auch in Hinblick auf die Folgen für künftige Generationen zu fällen. Und in Europa veröffentlichte der sächsische Oberberghauptmann Johann Carl von Carlowitz schon 1713 sein Buch *Sylvicultura oeconomica*, in dem er die Leser aufforderte, sie sollten »im grossen Welt-Buche der Natur studiren, continuirlich und perpetuirlich mit ihr agiren« und nicht gegen sie arbeiten. Er spricht auch bereits Wärmedämmungsmaßnahmen an und widmet sich intensiv der Nachforstung. Dieses Werk gilt nicht zu Unrecht als erste »Bibel der Nachhaltigkeit«.

Dass man diese und ähnliche Überlegungen jedoch erst 300 Jahre später zu einer Art theoretischem Überlebens-Grundkonsens erhob, nachdem der Planet hemmungslos geplündert und großflächig geschädigt worden war, dürfte ein Indiz dafür sein, dass die Natur des Menschen mit dem Wesen der Natur manchmal nicht kongruent zu sein scheint. Was aber auch kein neuzeitliches Phänomen ist, sondern eine Klammer über die ganze Menschheitsgeschichte bildet. Begann der Urzeitmensch sein Treiben nämlich damit, gleich einmal einen Teil der ihn umgebenden Tierwelt auszurotten, rodet der moderne Homo Sapiens wider besseres Wissen den Amazonas-Regenwald. Also ist das Prinzip der Nachhaltigkeit zwar ein schönes Leitbild geworden, in der Praxis im Großen jedoch noch lange nicht so verbreitet, wie das einige, die zum Glück immer mehr werden, im Kleinen vorleben.

Als Josef Dygruber 1995 in Mondsee seine ersten Geschirrspültabs vom Band laufen ließ, hatte er die Idee einer umweltverträglichen und Ressourcen schonenden Produktion bereits im Kopf. Aber von dem »grünen Faden«, der sich ein paar Jahre später durch die Geschichte seines Unternehmens ziehen sollte, waren zu dieser Zeit erst ein paar ökologische Ausfransungen erkennbar – wenn auch wegweisende. Manche Entscheidungen waren hingegen fast erzwungen und hatten mit der Entwicklung einer *Green Brand* noch nichts zu tun. Wie die Farbe der Verpackung. Rot war von *Somat* besetzt, Blau von *Finish*, also blieb für *claro* nur Grün übrig:»Nachträglich war das ein Segen, aber zu dieser Zeit sicher kein vorausschauender unternehmerischer Entschluss«, gibt Dygruber freimütig zu.

Worüber sich der Jungunternehmer aber bereits in der Anfangszeit sehr wohl Gedanken machte, war die Erschließung neuer Felder, die er mit seiner noch unbekannten Marke besetzen könnte. Und da tat sich ihm, einerseits bedingt durch seine Herkunft und das Aufwachsen in weitgehend unberührter Naturidylle, andererseits inspiriert durch die sogenannten Kondratjew-Zyklen relativ rasch das Thema Umwelt auf. Der russische Wirtschaftswissenschaftler Nikolai Kondratjew (1892 – 1938) hatte, grob vereinfacht, die Theorie aufgestellt, dass sich Wirtschaftsentwicklung im Gefolge weitreichender Innovationen stets in langen Wellen abspiele. Dass also einer neuen Technik, die sich am Markt durchsetze, eine lange Phase des Aufschwungs folge. Josef Dygruber interpretierte das für sich so, dass das Thema Umwelt in der Wirtschaft eine derartige Periode einleiten und er in der Lage sein könnte, in seinem Segment für einen Innovationsinput zu sorgen: »Ich war mir schon damals sicher, dass das weite Feld des ökologischen Wirtschaftens eine ähnlich lang anhaltende Konjunkturwelle auslösen würde wie im 19. Jahrhundert die Erfindung der Dampfmaschine.«

Zu bemerken war davon zu jener Zeit aber noch nicht besonders viel. Das Thema Ökologie wurde damals im individuellen Bereich noch als etwas schrullige »Müsli-Mentalität« belächelt, Grün in der Politik bezog seine Energie in den Anfängen unter anderem auch aus einer radikalen Gegenposition zur Industrie, die noch sehr zögerlich und oft nur unter massivem öffentlichen Druck bereit war, Umweltmaßnahmen umzusetzen. Aber in Mondsee saß einer, der sich von alldem in seiner Grundidee nicht beirren ließ, lieber an Kondratjew glaubte und langsam damit begann, seine grünen Verpackungsschachteln mit grünen Inhalten zu befüllen. Denn Bioläden im Lebensmittelsektor gab es zwar vereinzelt schon, aber im Bereich des maschinellen Geschirrspülens ging es Mitte der 1990er-Jahre noch ausschließlich um reine Teller und Gläser und nicht um eine saubere Umwelt.

In dieser Zeit fiel bei *claro* eine Grundsatzentscheidung, an der bis heute nicht gerüttelt wird: Oberste Prinzipien beim Einkauf von Rohstoffen sind die ökologische Verträglichkeit und, sofern möglich, die Bevorzugung regionaler Lieferanten mit kurzen Transportwegen, auch wenn das höhere Kosten verursacht. Das war ein vorausschauender, aber auch sehr mutiger Beschluss am Beginn eines langjährigen Entwicklungsprozesses, denn viele gab es nicht, die Josef Dygrubers kühne Theorie von der langen Welle der »grünen Ökonomie« zu dieser Zeit teilten: »Die ökologische Komponente war ja 1995 in unserem Segment überhaupt nicht modern, da warst du in der Wahrnehmung sofort in der Ecke der Reformhäuser. Die Leute haben damals überwiegend gesagt: ›Öko ist schon okay, aber öko reinigt nicht gut‹. Da hatten wir in den folgenden Jahren ganz schön viel zu tun, um das Gegenteil zu beweisen«, erinnert sich Dygruber.

Interessanterweise entsprang die erste ökologische Königsidee bei *claro* aber nicht dem firmeninternen Brainstorming, sondern dem umweltbewussten Kopf einer Kundin. Eine der Werbedamen, die im *Maximarkt* in Anif die neuen Tabs anpries, zog Josef Dygruber eines Abends nach getaner Arbeit zur Seite und sagte: »Mich hat heute eine Kundin gefragt, wieso wir die Tabs in diese Plastikfolien tun, die so schlecht für die Umwelt sind, wo es doch auch schon welche gibt, die sich im Wasser auflösen.« Der *claro*-Chef erkannte in dieser Sekunde die Chance auf eine revolutionäre Innovation und schickte seinen Chemiker Erich Fabianitsch zu *Erdal* nach Hallein, wo bereits die WC-Würfel der Marke *tofix* mit wasserlöslicher Folie überzogen wurden. Fabianitsch kam mit einer Proberolle dieser Folie zurück, und sofort startete der erste Pilotversuch im *claro*-Werk:»Meine Leute in der Produktion haben mich gehasst, denn wir mussten den Ausstoß zunächst von 600 auf 300 Tabs in der Minute zurückfahren, weil sich das gezogen hat wie ein Kaugummi«, muss Dygruber in der Rückschau noch immer schmunzeln.

Aber wenig später ließ Dagmar Koller mit ihrem legendären »Oje« das Tab in ein Wasserglas fallen, und ganz Österreich konnte im Werbefernsehen dabei zuschauen, wie sich die Folie auflöste. Das war auch notwendig, denn zunächst hatten unzählige Kunden bei *claro* angerufen und sich beschwert, dass sie die neue Folie nicht aufreißen könnten:»Es hat ein bisschen gedauert, aber das war für mich die erste richtige Innovation, weil wir damit von Mondsee aus im Jahr 1999 den Weltmarkt verändert haben«, sagt Dygruber:»Praktisch alle multinationalen Konzerne haben uns das in den Jahren darauf nachgemacht.«

claro hatte sich die wasserlösliche Folie damals zwar weltweit patentieren lassen, aber Dygruber führte in den 20 Jahren, für die dieses Patent Gültigkeit hatte, nicht einen einzigen Prozess:»Das hätte nur Zeit und Energie gebunden.«

Beides brauchte er für andere Dinge, denn die nächste ökologische Revolution bei *claro* ging zunächst gehörig nach hinten los. In Marokko wurden Phosphat-Minen stillgelegt, es wurde in den Lagerstätten eine künstliche Verknappung herbeigeführt, und der Preis des bisher billigen Rohstoffs schnellte in die Höhe. Josef Dygruber wollte nun zwei Fliegen mit einer Klappe schlagen: einen sündteuer gewordenen Posten von der Einkaufsliste bekommen und damit gleichzeitig den nächsten Schritt in Richtung eines ökologischen Produktes setzen. Bei den Waschpulvern war Phosphat zwar schon verboten worden, bei Geschirrspülmitteln aber noch erlaubt. Nun wollte er der Erste sein, der freiwillig auf den zur Wasserenthärtung eingesetzten, umweltschädlichen Rohstoff verzichtete.

Aber Dygruber erwischte mit seiner Klatsche nur eine Fliege, nämlich die, die ihm Kosten im Einkauf sparte. Denn die Entscheidung, auf Phosphat zu verzichten, war zwar »grün« gewesen, aber nicht gründlich genug zu Ende gedacht. Denn sonst hätte man ausgiebiger im Labor getestet, um durch diesen ökologisch wertvollen Schritt keinen Qualitätsverlust zu erleiden. So aber kam das Echo nicht aus der eigenen Firma, sondern von draußen, und das warf nicht nur die Grün-Idee, sondern das Unternehmen als Ganzes zurück: »Da wollten wir Musterschüler sein und sind mit Bomben und Granaten durchgefallen, weil wir die gesamte Performance ohne Phosphat im Vorfeld nicht ausreichend überprüft hatten. Und die war spürbar schlechter geworden, also mussten wir nachträglich korrigieren, als der Schaden bereits angerichtet war.«

Auch das war ein kleiner Schritt auf dem Weg zur großen Krise im Jahr 2012 gewesen, und in dieser Situation hätte sich Josef Dygruber am liebsten in den Hintern gebissen, weil er die Werbezusammenarbeit mit Dagmar Koller ein paar Jahre davor beendet hatte: »Sie wäre in der Lage gewesen, das Phosphat-Dilemma so charmant aufzulösen, dass die Ohrfeige, die wir von unseren Kunden verpasst bekamen, nicht ganz so laut geklatscht und geschäftlich nicht ganz so weh getan hätte«, ist er heute sicher.

Aber kein Schaden ohne Nutzen, denn nun wandte sich Josef Dygruber an die Agentur DDFG (Dirnberger de

Felice Grüber), um dem *claro*-Image neuen Glanz zu verleihen, nachdem das die phosphatfreien Tabs im Geschirrspüler bei den Gläsern zunächst nicht zustande gebracht hatten. In diesem Zusammenhang kam er zu einem Werbeslogan, der ihm fortan nicht nur zum persönlichen Leitfaden für die Markenentwicklung wurde, sondern der darüber hinaus aus Marketingsicht schlicht herausragend war: »Grün. Aber gründlich.«

All jene, und das waren viele, die Dygruber davon überzeugen wollten, dass es doch »Grün und gründlich« heißen müsste, hatten diesen Geniestreich aus der hohen Schule des Marketings nicht durchschaut. An früherer Stelle wurde bereits ausgeführt, dass sich in diesem Bereich der Kundenkommunikation nichts so lange und hartnäckig hält wie ein Vorurteil. Das setzt sich in der Regel in den Gehirnen der Konsumenten derart nachhaltig fest, dass dagegen nur ein kreatives »Super-Tab« hilft, wie es hier von der Agentur entwickelt wurde. Die nahm den negativen Glaubenssatz her, dass Grün zwar für ein reines Gewissen, aber nicht für sauberes Geschirr tauge, und strickte daraus ein neues, diesmal positives Vorurteil. Nämlich, dass *claro* als Einziger beides zu bieten hätte, das Grüne wie das Gründliche. Genau dafür war dieses »Aber« so wichtig, weil ein »Und« niemals am ursprünglichen Vorurteil angedockt hätte und die Wirkung somit verpufft wäre.

Damit der Claim auch seine volle Wirkung entfalten konnte, musste Josef Dygruber nun schleunigst dafür sorgen, dass es an dieser Aussage nie wieder etwas zu rütteln gab. Der Fauxpas mit dem Phosphat war rasch behoben, und die Ohrfeige des Marktes hatte auch den Firmenchef aufgerüttelt. Das war der Punkt, an dem er begann, aus den ökologischen Fransen seinen grünen Faden zu knüpfen.

Beim Markentechnikum in Genf holte er sich zusätzliches Know-how und lernte, dass man seiner Marke stets die herausragenden Leistungsmerkmale voranstellen und diese dann entsprechend ausdauernd und intensiv kommunizieren muss. Und nun, mit dem Slogan »Grün. Aber gründlich« ausgestattet, konnte das nur die ökologische Sonderstellung in Verbindung mit erstklassiger Performance im Bereich der Reinigung sein. Damit wartete nicht nur im Marketing viel Arbeit, sondern auch im Labor, wo es galt, den in Rente gegangenen Chemiker der ersten Stunde, Erich Fabianitsch, zu ersetzen.

Josef Dygruber hatte längst erkannt, dass sein »Turnaround« auch eine andere Gewichtung in der Entwicklungsabteilung erforderte und stockte diese nun auf sieben Mitarbeiter auf, drei Chemiker und vier Laborkräfte. Deren Aufgabe war es nun, das »Gründlich« in die Champions League zu führen und dabei aber auch immer mehr »Grün« zu implantieren. Auf diesem Weg gelang es einem jungen Chemiker zum Beispiel, das in Geschirrspülmitteln als Silberschutz eingesetzte Benzotriazol zu ersetzen. Das ist schwer abbaubar und gelangt deshalb in großen Mengen in Flüsse und Seen. Bei *claro* wird stattdessen das ökologisch völlig unbedenkliche Bismut-Zitrat als Silberschutz verwendet.

Während die Chemiker im Labor das Produkt verbesserten und »begrünten«, machte sich Josef Dygruber Gedanken darüber, wie er das am besten nach außen tragen könnte und begann mit der Verpackung, die im Idealfall der erste Kommunikator für den Kunden ist:»Die musste sympathisch rüberkommen und Informationen liefern. Das klingt so einfach, aber da steckt sehr viel mehr Gehirnschmalz dahinter, als man glaubt, und es hat auch Jahre gedauert, bis wir sagen konnten: Das ist jetzt ein echtes Kommunikationsinstrument geworden«, sagt Dygruber, der auch entschieden hat, die Kunden auf den *claro*-Packungen mit Du anzusprechen:»Das kommt bei den Menschen sehr gut an, und der eine Universitätsprofessor, der sich über diese vermeintliche Respektlosigkeit aufregte und dann auch tatsächlich bei uns anrief, bekam den direkten Draht zum Chef.« Josef Dygruber nahm sich die Zeit, dem Mann die Hintergründe dieser strategischen Kommunikation zu erklären, und hatte am Ende jemanden für sich und *claro* begeistert, der sich eigentlich beschweren wollte.

Dass die Linie nicht von Anfang an glasklar definiert war, dass es Rückschläge gegeben hat, war Teil einer langfristigen Entwicklung und hat dem Unternehmen aus Sicht seines Gründers nicht geschadet, ganz im Gegenteil:»Jetzt, wo wir als grüne Marke wirklich erstklassig performen und das von *Stiftung Warentest* auch quasi amtlich bestätigt bekamen, redet niemand über unsere Stolperer auf dem Weg, sondern die Leute sagen ›Da war *claro* der Zeit voraus, die haben das immer schon so gemacht‹, und das macht es für andere nicht leicht, die sich jetzt ein grünes Mascherl umbinden«, sagt Josef Dygruber und ergänzt:»Wir waren schon in vielen Bereichen Pioniere und haben uns damit bei den Menschen einen hohen Kompetenzstatus erarbeitet.«

Dieser *first mover advantage* ist natürlich viel wert, durchaus in Absatzzahlen messbar und kann eine regelrechte Bastion gegen Attacken von Mitbewerbern werden.

Einer der großen Konkurrenten Dygrubers aus der Geschirrspülbranche versuchte vor ein paar Jahren, mit einem Allzweckreiniger in den Öko-Markt einzudringen, und das mit allen Möglichkeiten, die ein Großkonzern zur Verfügung hat – bis hin zu Plakatwänden in Großstädten und teurer Fernsehwerbung mit prominentem Testimonial. Aber all das brachte nicht den erhofften Erfolg, und es nützte auch nichts mehr, mit dem Preis herunterzugehen: Nach fünf Jahren nahm der Konzern die Linie wieder vom Markt. Als einen der Gründe dafür nannten Fachleute die Tatsache, dass dieses Segment seit langer Zeit glaubhaft von der Marke *Frosch* des deutschen Mittelständlers *Werner & Mertz* besetzt ist.

Einen ähnlichen Stellenwert hat sich Josef Dygruber mittlerweile mit *claro* erkämpft, und deshalb kostet es ihn heute nur noch ein Schmunzeln, wenn er plötzlich auch bei Mitbewerbern grüne Packungen entdeckt. Oder wenn besagter Konzern, der im ersten Anlauf mit seinem ökologischen Allzweckreiniger gescheitert war, nun mit einer neuen Linie startet und diese in seiner Presseerklärung als »grün und gründlich« anpreist. Da schwillt ihm nur ganz kurz die Zornesader. Doch dann lacht er sich ins Fäustchen, weil das »Aber« ihm gehört.

Heute lacht ihn niemand mehr aus, weil er 1995 die »ökologische Revolution« erahnt und als neue Kondratjew-Welle mit der Erfindung der Dampfmaschine verglichen hatte. Denn heute befahren viele, auch aus Josef Dygrubers Branche, mit Volldampf die Öko-Gleise. So lässt zum Beispiel *Colgate-Palmolive* seine Spülmittel inzwischen in einer »Zero-Waste-Factory« herstellen, und derartige Entwicklungen stellen immer noch erst den Anfang dieser Bewegung dar. Aber ein wichtiger Schritt ist in diesem Segment schon getan, nämlich das Ende dessen, was die bekannte Politökonomin Dr. Maja Göpel die »Verzichtsrhetorik« nennt. Dass »Öko« lieb und nett ist, aber nicht wirkt, hat Josef Dygruber mit *claro* im Kleinen widerlegt, und inzwischen tun auch alle Großen so, als wäre das nie als Glaubenssatz gehandelt worden.

Und ja, hier geht es einerseits immer noch »nur« um die Geschichte einer kleinen österreichischen Firma, die mit ökologischer Fokussierung Geschirrspültabs produziert. Aber Maja Göpel, die seit September 2020 als Direktorin auch der neu ins Leben gerufenen Zukunftsdenkfabrik The New Institute in Hamburg vorsteht, sagt: »Ohne tiefen Strukturwandel und die Veränderung von Konsummustern wird es nicht gehen.« Dafür hat Josef Dygruber *claro* und seine Kunden in den vergangenen 25 Jahren mit kleinen Schritten und großem Ehrgeiz, kurzen Schwächen und langem Atem fit gemacht.

DIE GROSSE FREIHEIT

Wenn im Hause Dygruber größere Entscheidungen anstanden, gab es ein Ritual. Der *claro*-Gründer setzte sich mit seiner Ehefrau Marietta an den Küchentisch, und nach einem eigens ausgetüftelten Bewertungssystem wurden Pros und Kontras gesammelt. Dann sah man sich das Resultat an und traf gemeinsam eine Entscheidung. Im Frühjahr 1995, Dygruber hatte noch seinen gut dotierten und spannenden Job bei den Salinen Austria, wurden die Zweifel immer stärker, ob er tatsächlich den Sprung in die Selbstständigkeit wagen sollte. Da war es wieder Zeit für den Küchentisch. Denn auch, wenn zu dieser Zeit in Mondsee bereits der Keller der zukünftigen Produktionsstätte betoniert worden war und Josef Dygrubers Weggefährte Erich Fabianitsch auch darüber hinaus schon zahlreiche Vorarbeiten für den *claro*-Start erledigt hatte, war sich der Unternehmer in spe plötzlich nicht mehr sicher. Die Furcht davor, sich mit seinen kühnen Plänen in ein Himmelfahrtskommando zu verrennen, hatte ihn gepackt, und noch hätte er die Möglichkeit gehabt, einen Rückzieher zu machen.

Also setzte sich das Ehepaar an den »Tisch der Entscheidung« und begann, auf einem Zettel zu notieren, was dafür und dagegen sprach, den sicheren Posten für eine unsichere Zukunft aufzugeben. Heraus kam ziemlich eindeutig, dass Josef Dygruber bei den Salinen bleiben und seine Pläne vergessen sollte. Aber mit einem hatte der Geschäftsmann, der sich bis dahin stets an die »Küchentisch-Resultate« gehalten hatte, nicht gerechnet: »Die Ratio hatte entschieden, dass ich es lassen soll. Das war alles faktenbasiert und stand auf einer soliden Zahlengrundlage. Aber plötzlich war der Bauch mein Chef, und ich habe beschlossen, den Schritt in die Selbstständigkeit trotzdem zu wagen.«

Dieser Bauch hatte nämlich seinen »Küchentisch« auch dringend nötig gehabt. In ihm rumorte zu der Zeit eine Cuvée aus Frustration über die Kündigung bei *Benckiser*, aus einem nicht zu unterdrückenden Bedürfnis, »es denen schon zu zeigen«, und der Furcht davor, die Menschen zu enttäuschen, die seinen Traum ernstgenommen und schon viel Arbeit investiert hatten, um ihn wahr werden zu lassen. Es war rückblickend betrachtet eine zutiefst emotionale Entscheidung, die deshalb zunächst auch nicht alle Zweifel bei Josef Dygruber aus dem Weg räumen konnte: »Ich war ein Zerrissener, und das blieb ich auch nach meiner Entscheidung noch eine Weile lang so. Jetzt zu behaupten, da wäre schon ein klarer, strategischer Plan dahinter gewesen, wäre nicht authentisch. Nachträglich schaut dieser Weg natürlich sehr cool aus, als ob alles aus einem Guss passiert wäre. Aber in Wirklichkeit war es ein langer und mühsamer Prozess der Markenentwicklung mit sehr vielen Stationen, von denen einige nicht angenehm waren.«

Deshalb gibt Dygruber heute auch unumwunden zu: »Ins Unternehmertum bin ich damals mehr reingestolpert als zielstrebig darauf zugegangen.« Er hat es mit Kampfgeist, Ausdauer und auch einem gewissen Maß an Leidensfähigkeit bis zum Happy End durchgezogen, aber ihm ist heute bewusst, dass auch die damalige Zeit sein Verbündeter war: »Ich konnte vieles ausprobieren und ›on the job‹ lernen. Heute hättest du keine zehn Jahre mehr, um eine Marke aufzubauen, da wärst du vorher längst wieder von der Bildfläche verschwunden.«

Josef Dygruber musste in den ersten *claro*-Jahren aber erst lernen, mit dem Zeitgeschenk umzugehen, denn sein Berufsleben war ja bis dahin im Hochgeschwindigkeitsmodus abgelaufen. Mit 19 Jahren ein guter Job bei der Bank, mit 24 Verkaufsleiter bei einem renommierten Markenartikel-Betrieb und nun mit noch nicht einmal 27 Jahren selbstständiger Unternehmer. Das machte ihn anfangs in etlichen Situationen (zu) ungeduldig, nahm ihm aber auch viel an Nervosität, die bei einer weniger rasanten Berufsbiografie schon hätte aufkommen können. Denn im schlimmsten aller Fälle wäre er noch immer jung genug gewesen, sich einen anderen Job zu suchen. In manchen Lebenslagen hingegen nahm ihm schlicht sein aus einer sorgenfreien Kindheit in intakter Umwelt gespeistes Gemüt Druck von den Schultern. Nicht nur einmal legte er bei der Heimfahrt nach einem harten Arbeitstag beim Wiestalstausee einen Stopp ein, entledigte sich seiner Kleidung und schwamm ein paar Runden. Das an sich banale Ritual verschaffte ihm jedes Mal ein Gefühl grenzenloser Freiheit. Und die war es letzten Endes auch, die er als Unternehmer zu finden hoffte.

Diesen erquicklichen Kontrapunkt zur Alltagsroutine hatte er in den ersten Firmenjahren auch bitter nötig, denn unter den Wolken, die sich immer wieder über ihm und seinem jungen Unternehmen zusammenbrauten, war die

Freiheit alles andere als grenzenlos. 16-Stunden-Tage, Tausende Kilometer im Auto unterwegs zu Menschen, die ihn gelegentlich auch schon einmal mit den Worten abspeisten: »Ihr Kleinscheiß interessiert mich nicht.« Unternehmer sein bedeutete für Josef Dygruber in dieser Zeit vor allem: alles zu unternehmen, um nicht schon auf den ersten Metern unterzugehen, und bittere Pillen zu schlucken, ohne dabei das Gesicht zu verziehen.

Schon in dieser frühen, in so manchen Bereichen noch undefinierten Phase als Unternehmer kam ihm etwas zugute, das sein späterer Wegbegleiter Peter Graski so formuliert: »Er ist jemand, der auf allen Klavieren zu spielen versteht, unglaublich umtriebig und ein Großmeister im Selbstmarketing ist. In diesem Bereich war für mich in Österreich Niki Lauda unerreicht – aber dann kommt für mich gleich der Sepp Dygruber.« Diese Diagnose ist vielleicht ein wenig übertrieben, aber *claro* hatte durch seinen Gründer immer wieder eine Medienpräsenz, die in manchen Phasen gewiss noch nicht der Größe und Bedeutung des Unternehmens entsprach. Aber Dygruber verstand es schon in jungen Jahren, Menschen für sich zu begeistern und seine Anliegen zu platzieren, ohne auch nur den Anschein zu erwecken, andienend oder gar unterwürfig zu sein. Für Peter Graski war das ein ganz entscheidender PR-Faktor auf dem langen Weg der Marke *claro*: »Dygruber war stets freundlich und verbindlich, hat aber immer ganz klare Grenzen gezogen. Deshalb kam er auch bei Journalisten so gut an, denn die mögen keine Subalternen.«

Diese Fähigkeit hat der *claro*-Chef nicht in Rhetorik-Seminaren erworben. Das ist eine schon in jungen Jahren gewachsene Gabe, und Josef Dygruber weiß auch sehr genau, wem er diese zu verdanken hat:»Meine Eltern hatten nie viel Geld, aber sie haben mir etwas viel Wertvolleres mitgegeben: Sie haben mir nämlich beigebracht, wie man mit Menschen redet, dass man sie mit Respekt behandelt und dass man auf diese Weise in einer Kommunikation Leute für sich gewinnen kann. Das war die wichtigste Mitgift für mein Unternehmerleben, denn wenn du das nicht draufhast, verkaufst du nicht eine Packung Tabs.« Und man hätte auch kaum Journalisten dazu gebracht, den Traum des Josef Dygruber so ausführlich zu verbreiten.

Bei der Französisch-Matura war ihm zu »la presse« nichts eingefallen, aber in der angewandten Form als Markenbotschafter bediente er auch dieses Instrument virtuos. Allerdings hatten die Glückshormone, die ihm jedes Mal einschossen, wenn ein Bericht über *claro* erschienen war, Nebenwirkungen, die er auch erst mit den Jahren in den Griff bekam:»Das wurde mit der Zeit wie eine leichte Droge. Kaum war der Akt vorbei, wollte ich schon mehr davon.« Nicht aus Selbstgefälligkeit, sagt er, sondern weil es eine Zeit lang so ein gutes Gefühl hervorrief. Man kann ihm das wohl glauben, denn ein Narzisst wäre gewiss nicht in der Lage gewesen, die Dosis so stark zu reduzieren wie Josef Dygruber. Denn er bekommt zwar heute mehr Interviewanfragen denn je, sagt aber nur ganz selten zu. Auch das Bedürfnis, bei Vorträgen sein Erfolgsrezept kundzutun, ist enden wollend:»Ich kann doch nichts gewinnen, wenn ich vor 50 Leuten einen Vortrag halte. Da mache ich mich lieber rar.«

Die *claro*-Story ist auch die Geschichte einer Wandlung. Wie sich das Produkt von einem noch zu wenig definierten

Versuchsballon mit ökologischen Einsprengseln zu einer echten grünen Marke entwickelt hat, wurde bereits beschrieben. Aber bei Unternehmen dieser Größenordnung und mit dieser Eigentümerstruktur ist die Firmenhistorie immer ganz eng mit der persönlichen Entwicklungsgeschichte des Chefs verwoben. Josef Dygruber hat auf seinem Weg vom Gründer zum Firmenlenker keine Erfahrung einfach beiseitegeschoben. Er hat jede Lektion, ob erfreulich oder bitter, als Chance begriffen, für den Weg vor ihm besser gerüstet zu sein als für den, der bereits hinter ihm lag. Das kommt heute dem Betrieb zugute und gibt ihm vor wichtigen Entscheidungen eine gewisse Gelassenheit:»Ich kann in die Schubladen meiner Erfahrungen schauen, und das bewahrt mich vor so mancher Blödheit, auf die ich mich früher vielleicht eingelassen hätte.«

In einer dieser Schubladen wohnt die Geschichte von den Scheibenreiniger-Tabs für Autos. Da hatte er in seinem übereifrigen Drang nach Omnipräsenz am Markt gleich einmal das Produkt entwickelt, um im Nachhinein draufzukommen, dass es nicht gelang, die Tabs auch frostsicher zu gestalten. Wisch und weg, hieß es da, und reicher war Dygruber mit diesem überhasteten Projekt nur an Erfahrung geworden. Diese lehrte ihn, immer der eigenen Expertise entlang zu gehen und gewagte Seitensprünge, die im ersten Moment vielleicht verlockend aussehen, zu ignorieren. Man könnte auch sagen, er lernte mit der Zeit, sich auf seine Kernkompetenzen zu konzentrieren und zu beschränken. Als er vor Kurzem mit einer neuen Waschmittellinie mit den putzigen Namen »Schneeweißchen« und »Kunterbunt« auf den Markt ging, hatte er zuvor gründlich geprüft, ob diese ins Firmen-Portfolio passt oder nicht. Sie fügte sich hervorragend ein, und im Herbst 2020 wurde »Kunterbunt« bei den Verbraucherwahlen als österreichischer Gesamtsieger mit dem Titel »Bestes Produkt 2020/21« ausgezeichnet.

Weil Josef Dygruber seine Erfahrung als »Schatz« sieht, wird unter seinen Fingern heute auch manches zu Gold. So wie dieses neue Waschpulver, dem aber auch die Zeit gegeben wurde, intern den langen und gründlichen Prüfungsweg zu durchlaufen, ehe man es in den Markt entließ. So etwas passiert nicht nur, weil *claro* heute einen ganz anderen Ruf zu verlieren hätte als noch zu Zeiten der »Phosphat-Pleite«, sondern weil Josef Dygruber in der zweiten Hälfte seines heute so erfolgreichen Unternehmerdaseins gelernt hat, dass man den Weg von der Entscheidung zur Umsetzung besser bedächtig und umsichtig geht. Schließlich musste er auch an sich selbst als Unternehmerpersönlichkeit und an seinem Kernprodukt die Erfahrung machen, dass es der Prozess ist, der Qualität bringt und nicht dessen Verkürzung zum Zwecke des schnellen Erfolgs. Deshalb sagt er heute auch ohne kokette Attitüde: »Ich bin Tellerwäscher und kann Waschmittel machen – that's it. Ich gehe nicht her, auch wenn ich es technisch könnte, und mache ein Desinfektionsmittel, weil wir eine Pandemie haben, auch wenn das gerade ein ›Quick Win‹ für die Bilanz wäre.«

In ihrem Buch *Growing Pains* beschreiben die amerikanischen Management-Kapazunder Eric Flamholtz und Yvonne Randle vereinfacht ausgedrückt, dass in einem Unternehmen mit jedem einzelnen erfolgreichen Schritt auch die Schmerzen für das Management größer werden, weil sich die Anforderungen verändern. Es ist eines der Bücher, die auch Josef Dygruber gelesen hat. Und zwar, als er für sich zur Erkenntnis gelangte, dass sein hemdsärmeliges Draufgängertum ganz passend für den ersten Schritt in die Selbstständigkeit gewesen war, er damit bei stetig steigenden Anforderungen aber nicht mehr das Auslangen fand. Als es *claro* schon zwölf Jahre gab, begann Josef Dygruber deshalb ein postgraduales Studium, das er mit dem *Master of International Business* abschloss und ließ diesem gleich noch den MBA in *General Management* folgen.

Dabei lernte er auch die sogenannte *Blue-Ocean*-Strategie kennen, die vor allem auf das Erschließen neuer, bis dahin unberührter Märkte zielt. Und es wäre nicht Josef Dygruber, hätte er darüber einfach nur eine Masterarbeit geschrieben. Er wies seine Chemiker an, sozusagen den Porsche unter den Geschirrspülpulvern zu entwickeln und ließ ihnen dabei völlig freie Hand. Heraus kam mit *clearwhite* eine hochpreisige Premium-Marke, die er ausschließlich über den Elektro-Fachhandel vertreibt. Als er seine Masterthesis zu diesem Thema verteidigte, fragte ihn der Prüfer:»Woher wollen Sie wissen, dass das auch funktioniert und von den Kunden angenommen wird?«Dygruber antwortete:»Herr Professor, das weiß ich nicht, aber der Unterschied zwischen Ihnen und mir ist, dass ich morgen die Marke *clearwhite* anmelde, ein Unternehmen gründe und somit erfahren werde, ob es klappt.«

Heute weiß er, dass dieser innovative Ansatz funktioniert hat, und vor zwei Jahren wurde *clearwhite* als Premium-Marke für einen spezifischen Markt in die *claro*-GmbH eingegliedert. Mit dieser Erfahrung als Rüstzeug nahm Josef Dygruber gleich das nächste spezifische Projekt in Angriff und erschuf ausschließlich für Öko-Märkte das Label *100 % claro*, das den aktuellsten Stand ökologischer Produktion abbildet, in Graskartons verpackt ist und das begehrte Ecocert-Gütesiegel tragen darf, das Nonplusultra der Bio-Zertifizierung. Aber auch diese Marke bleibt ihren Vertriebskanälen exklusiv erhalten. Als große Ketten wie *Edeka* oder *Müller* das Produkt listen wollten, winkte Dygruber ab:»Ich bin den Öko-Märkten im Wort, und meine Kunden müssen wissen, dass sie sich auf mich verlassen können. Diese Positionierung wurde speziell für dieses Marktsegment entwickelt, und in dem will ich in drei Jahren Marktführer sein. Außerdem ist man manchmal attraktiver, wenn man auch einmal zu etwas Nein sagt.« Was natürlich leichter fällt, wenn man sich nicht mehr wie in den Anfängen um Termine anstellen muss, sondern nun Kunden das Produkt anfragen wie im Jahr 2020 die deutsche *Rossmann*-Kette, die *claro* in gut 1000 Filialen gelistet hat.

Josef Dygruber hat es in einem Vierteljahrhundert Firmengeschichte nicht nur geschafft, sein Produkt zu einer Topmarke zu machen, sondern musste auch sich selbst immer wieder den Anforderungen anpassen und, wenn man so will, als Firmenlenker branden. Die Zeit des»Management by Stiegenhaus«, in der vieles noch auf Zuruf funktioniert hatte, ist längst Geschichte. Mit den Erfahrungen von 25 Jahren als Firmenchef im Gepäck und dem Studium als Fundament im Kopf hat der *claro*-Chef längst moderne Strukturen in sein Unternehmen eingezogen. Aus dem geschäftigen Tausendsassa ist ein besonnener Firmenlenker geworden, der seine»40 Hänseln und Greteln«, wie er seine Mitarbeiter fast schon liebevoll nennt, an der langen

Leine ihr Potenzial ausleben lässt:»Ich kann heute sagen, dass ich Menschenführung an jedem einzelnen Mitarbeiter gelernt habe.«

So hat sich eine Unternehmenskultur gebildet, die auf Sinnstiftung beruht, in der jeder das Gefühl haben soll, Teil einer Erfolgsgeschichte zu sein:»Es gibt natürlich Regeln, aber innerhalb derer sollen sich meine Leute möglichst frei bewegen. Mit der Freiheit, mitgestalten zu können, treiben sich Mitarbeiter von selbst an, da braucht es keinen zusätzlichen Druck mehr«, ist Dygruber überzeugt:»Die Kultur zeigt sich für mich in dem, was ein Mitarbeiter sagt, wenn ich nicht in der Nähe bin. Wenn der bei Freunden sitzt und stolz darauf ist, bei *claro* zu arbeiten, weiß ich, dass der mit mir durchs Feuer geht. Dann ist es mir auch gelungen, eine Marken-Identifikation herzustellen. Aber das schaffst du nur, wenn du ihm im Rahmen notwendiger Regeln das Gefühl geben kannst, er arbeitet in seiner eigenen Firma, ohne dafür Geld einsetzen zu müssen.« Wenn es erst einmal gelungen ist, so eine Unternehmenskultur zu stabilisieren, erleichtert das auch dem Chef die Arbeit. Sogar wenn es darum geht, dass jemand mit der Freiheit nicht umgehen kann:»Wenn diese Einstellung zum Betrieb erst einmal verankert ist, spült das System einen, der nicht mitzieht, an die Oberfläche und spuckt ihn von selbst aus.«

Hätte sich der Chef in seiner Rolle nicht gewandelt, hätte nicht die Marke ihr klares und unverwechselbares Profil bekommen, wäre aber auch so eine Art der Mitarbeiterführung und -einbindung nicht möglich geworden. Denn Josef Dygruber weiß heute, dass die»Freiheit«, die er einst beim Sprung in den Stausee oberhalb der Wiestalklamm verspürt hatte, letztlich nicht mehr als eine Erfrischung war. Weil er damals alles andere als frei war, seine Firma zwar schon betrieben, aber noch nicht wirklich nach modernen Maßstäben geführt hatte. Das war aber auch gar nicht möglich gewesen, weil er selbst erst lernen musste, Unternehmer zu sein. Und weil das eine Zeit war, in der er noch zu fast allem Ja sagen musste, um zu überleben. Die Freiheit beginnt aber erst an dem Punkt, an dem man es sich leisten kann, auch einmal Nein zu sagen: »Ich bin in diesen 25 Jahren oft gegen den Strom geschwommen und manchmal ein Stück weiter unten angekommen. Aber für den Körperbau, also die Markenentwicklung, hat das definitiv etwas gebracht«, schmunzelt Dygruber.

Auch wenn es Phasen gab, in denen er das große Markenziel ein wenig aus den Augen verloren hatte, blieb *claro* immer sein Antrieb, um weiterzumachen:»Ich war und bin in dem Bereich besessen, das muss ich zugeben«, sagt er. Jetzt wähnt er sich an einem historischen Punkt, weil er die Chance sieht, die Marke auf den nächsten Level zu heben, und wie der aussieht, weiß er genau:»Mein Ziel war immer, *claro* vererbbar zu machen. Dass die Marke heute auch viel Geld wert ist, ist eine angenehme Nebenerscheinung, ändert aber nichts an meinem Animo. Wenn es mir gelingt, dass meine Produkte einen festen Platz in Europa haben, dass ich, wenn man so will, der *Frosch* des maschinellen Geschirrspülens geworden bin, habe ich mein Ziel erreicht.«

Er ist auf einem vielversprechenden Weg, denn in Deutschland geht nach dem ausgezeichneten Abschneiden bei *Stiftung Warentest* der Markt gerade richtig auf, der Online-Handel boomt, und auch in Israel, einem der *Rest-of-the-world*-Märkte des Unternehmens, zeigen die Verkaufszahlen steil nach oben.

Der Kredit, mit dem Josef Dygruber 2014 die Firma in den »*Turn-around*« führen konnte, war nach vier Jahren zurückgezahlt, und das war wieder so ein besonderer Moët-Moment mit seiner Frau Marietta. Anstoßen auf die große Freiheit. Diesmal auf die wirkliche. Und ein bisschen schmunzeln über den Zettel, auf dem damals am Küchentisch notiert worden war, warum Josef Dygruber besser die Finger vom Unternehmertum lassen sollte.

BIBEL UND IRONMAN

Das Geheimnis liegt in der Mixtur. Um ein Produkt wie ein Geschirrspültab erfolgreich zu machen, muss die Zusammensetzung der Rohstoffe genau passen. Wenn wir das nun auf einen Menschen übertragen und davon ausgehen, dass der Mix seiner Wesenszüge und deren Dosierung am Ende den individuellen Charakter ergeben, eröffnet ein genauerer Blick auf die »Zusammensetzung« von *claro*-Gründer Josef Dygruber spannende Perspektiven. Denn man kann sich zunächst gar nicht vorstellen, dass diese »Rohstoffe« überhaupt zu einem Ganzen zusammengeführt werden können.

Also nehmen wir die »Zutaten« zur Gesamtpersönlichkeit Josef Dygrubers einmal unter die Lupe: Da ist ein wertkonservativer Landbewohner mit Grundsätzen aus Stahlbeton; ein experimentierfreudiger, kreativer Kopf, dem keine Idee zu schräg erscheint, um sie nicht einmal zumindest kurz anzudenken; ein tiefreligiöser Mensch, der täglich am Morgen nach dem Zähneputzen eine Seite in der Bibel liest; ein Mann, der jahrelang in »wilder Ehe« lebt, ehe er mit seiner Marietta als Eltern von bereits zwei Kindern vor den Traualtar schreitet; ein Exponierter, der gern Berichte über sich in einer Zeitung liest; ein Zurückgezogener, dem jede Art Auflauf von Prominenten und solchen, die sich dafür halten, zutiefst zuwider ist und der lieber auf seinem Fahrrad allein ein paar Runden dreht, als mit irgendeinem Halbwichtigen auf Unwichtiges anzustoßen. Und schließlich einer, der seinen mittlerweile redlich erworbenen Wohlstand genießen kann und gleichzeitig glaubhaft die Ansicht lebt, dass es wirklich viele Dinge gibt, die wichtiger sind als Geld.

Auch wenn seine Frau ihn als »lebendes Tab« bezeichnet, weil ständig neue Eingebungen aus ihm heraussprudeln, kann man sich nur schwer vorstellen, dass sich all diese oben beschriebenen Wesenszüge zu einer einzigen Persönlichkeit »pressen« lassen. Allerdings ist Josef Dygruber der Mensch gewordene Beweis dafür, dass das nicht nur geht, sondern sogar eine Erfolgsmischung ergeben kann. Deshalb lohnt es, sich die vermeintlichen Widersprüchlichkeiten genauer anzusehen.

Jedes Kind wächst mit Sätzen aus elterlichen Münden auf, die es entweder irgendwann in weiterer Folge selbst übernimmt, oder die es derart strikt ablehnt, dass es ein Leben lang versuchen wird, das Gegenteil zu beweisen. Interessant dabei ist, dass die Reaktion im Prinzip völlig egal ist, weil sie an der Wirkmacht nichts ändert. Der vermeintlich positive, später ins eigene Leben integrierte Glaubenssatz prägt genauso wie der, den man von sich wegschiebt. Von seiner Mutter hörte Josef Dygruber unzählige Male die Worte »I mog des Aufschatzen net so. Loss ma's amal zuwakemman« – was, aus dem lieblichen Tennengauer Dialekt ins Hochdeutsche übertragen, so viel bedeutet wie »Leute, die prahlen, mag ich nicht so gern. Schauen wir uns zuerst an, was passiert«. Denn Johanna Dygruber war es im engen Korsett des Dorflebens nie egal, »was die Leut' sagen könnten«. Und die zerrissen sich die Münder natürlich am allerliebsten über solche, die vom Penthouse der Selbstüberhöhung aus auf den harten Boden der Realität abstürzten. Also deshalb nie »aufschatzen«, sondern die Dinge »zuwakemman« lassen.

Der Vater wiederum quittierte meist alles, was außerhalb der gewohnten Routine an Optionen auftauchte und die ihm vertrauten Abläufe hätte stören können, mit den Worten »Blödsinn, des braucht ma net« oder mit einem schlichten »Des kann nix werdn«. Außer, wenn es bei seinem Sohn ans Eingemachte ging. Dann war in der Sekunde alle Schwarzseherei verflogen, und der Vater stand als menschlicher Stützpfeiler an Josefs Seite. Aber im Alltag riss er mit seinen Stehsätzen jede Idee von Veränderung des Gewohnten schon als zartes Pflänzchen aus. So auch, als seiner Frau eines Tages die Übernahme eines Bauernhofes in der Nähe von Salzburg angeboten wurde. Was für die Bauerntochter als wunderschöne Vision am Horizont auftauchte, erschien ihrem Mann als Bedrohung seiner Lebensroutine, und Johanna musste ihren Traum begraben. Ihre stille Traurigkeit über die verlorene Chance blieb aber am Leben und dem Sohn nicht verborgen.

Dass claro-Chef Josef Dygruber, der von seinem ganzen Naturell her nun wirklich nicht als draufgängerischer Revoluzzer durchgeht, zwei gute, sichere Jobs kündigte und mit einem eigenen Unternehmen ins volle Risiko ging, hat sicher damit zu tun, dass er den Beweis antreten wollte, dass Dinge »doch etwas werden können«. Dass der Glaubenssatz des Vaters, der das Verharren in der monotonen, aber Sicherheit gebenden Routine postulierte, nicht stimmen musste und dass eben nicht alles ein »Blödsinn« war, was aus dieser Doktrin ausscherte. Was er von der Mutter im Ohr hatte, nämlich, dass es sehr wohl von Bedeutung sei, »was die Leut' sagen«, bewirkte schließlich, dass Dygruber auch in seinen schwärzesten Stunden zwar den Gedanken nicht verhindern konnte, aufzugeben und alles hinzuschmeißen, das aber nie als ernsthafte Option in Erwägung zog. Er gibt unumwunden zu: »Ich bin ja auf dem Land daheim, da wollte ich nie als Loser oder Pleitier dastehen. Davor habe ich mich gefürchtet, weil ich das auch meinen Kindern nicht antun wollte.« Wie tief das bei ihm sitzt, zeigt die Wortwahl, wenn er sagt, seine Kinder hätten in so einem Fall einen »Mantel der Scham« tragen müssen.

Und weil er auch solche erlebte, die im wirtschaftlichen Hoch den Porsche wie eine Trophäe durchs Dorf trieben und später, nach dem Crash ihrer Firma sogar aus ihrem Haus ausziehen mussten, hat er sich auch das mit dem »nicht aufschatzen« sehr zu Herzen genommen.

Grundsätzlich tut man sich schwer damit, wenn man für Josef Dygruber irgendeine Schublade zum Einordnen sucht, und das spricht für ihn. Denn er ist zum Beispiel ein tiefreligiöser Mensch, der sich nicht schämte, sich vor Dagmar Koller und Helmut Zilk in einem Wiener Edelrestaurant vor dem Essen zu bekreuzigen. Er sagt offen: »Ich glaube an Jesus Christus.« Gleichzeitig kann er sich aber über die »Scheinheiligkeit der katholischen Kirche« ereifern und fast spitzbübische Freude dabei empfinden, wenn er die frühere Zeit des Zusammenlebens mit seiner heutigen Ehefrau spöttisch als »wilde Ehe« bezeichnet.

Dygruber wurde religiös erzogen, lebt es und gibt das auch weiter, aber er macht sich seine eigenen Gedanken zu

Gott und der Welt. Schon bei der Matura wählte er als Freifach Religion, und bei einem Besuch in Jerusalem überkam ihn ein Gefühl der Demut:»Du spürst dort ungemein intensiv, dass der Ursprung des Glaubens für alle gleich ist, und das war für mich ein überwältigendes Gefühl. Denn es ist ja nur der Mensch, der sich anmaßt zu behaupten, seine Religion wäre die einzig richtige. Dabei ginge es doch nur darum, in Frieden, Zuversicht und Freundschaft zusammenzuleben.« Für ihn ist der Glaube ein »Angstreduzierer«, ein Instrument, das es ihm erleichtert, mit den Dingen zurechtzukommen, die er nicht beeinflussen kann, ein Anker, an dem er das schwer Fassbare festmachen kann und etwas, das ihn abhält, zu viel zu grübeln und sich Sorgen zu machen.

All das nennt er »Herrgott« und fühlte sich in seinem Glauben daran bestätigt, als sein Vater im Frühjahr 2020 vermeintlich im Sterben lag. Die Ärzte hatten ihn hereinbestellt, weil sie sagten, Josef Dygruber senior würde die nächste Nacht sicher nicht mehr überleben, der Pfarrer hatte ihm bereits die Krankensalbung erteilt, und danach sagte der Sohn am Krankenbett:»Papa, du musst aber schon noch einmal heimkommen. Wir müssen ja noch ein Bier miteinander trinken.« Eine Krankenschwester hörte das und sagte:»Sie dürfen das auch hier tun.« Denn auch sie rechnete nicht mehr damit, dass ihr Patient am nächsten Tag noch leben würde. Johanna Dygruber stand auf, um die Getränke zu holen, ihr Mann rief ihr noch nach: »Aber ein Kaltes«, und dann tranken Vater und Sohn ein Bier am Krankenbett. Am nächsten Morgen war der Vater des *claro*-Chefs nicht nur noch am Leben, sondern sein Gesundheitszustand besserte sich derart, dass er ein paar Wochen später tatsächlich wieder daheim war:»Und da«, sagt Josef Dygruber,»bin ich überzeugt, dass der Herrgott gesagt hat: ›Ich gebe euch noch ein bisschen Zeit miteinander‹. Denn wenn es nach den Ärzten gegangen wäre, wäre der Papa gestorben.«

Der drohende Tod des Vaters war aber eine Erfahrung, bei der ihm zunächst weder sein Gottvertrauen, noch seine Fähigkeit, sich in pragmatischer Nüchternheit auf Unausweichliches vorzubereiten, geholfen hatten:»Mit diesem Gedanken auseinandergesetzt hatte ich mich schon oft und gedacht, ich wäre gefestigter. Aber ich war in dem Moment nicht bereit dafür.« Mit seiner Ehefrau Marietta, die als Krankenschwester arbeitet, hatte er oft über diese Situation gesprochen gehabt, und auch sie war überrascht, wie sehr es ihren Mann dann trotzdem traf:»Es ist so an seine Grenzen gegangen, dass er richtig niedergebrochen ist. Und ich war verwundert, dass er keinen Plan dafür hatte, obwohl er in unseren Gesprächen so vorbereitet erschienen war.«

Josef Dygruber war als Einzelkind sehr behütet aufgewachsen, aber beide Eltern waren in ihrem Leben von klein auf mehr mit dem Funktionieren als dem Kommunizieren beschäftigt gewesen. Das ist keine Generation, die viele Worte über ihre Gefühle und Befindlichkeiten verlor, sondern gelernt hat, die Dinge am Laufen zu halten. Und plötzlich fielen dem Sohn zig Sachen ein: Wie der Vater nach seiner anstrengenden Schicht immer für ihn da gewesen war, mit ihm gespielt und gelernt hatte, ja sogar, wie lustig es für den Buben gewesen war, einmal das Schnarchen vom Papa mit dem Kassettenrekorder aufzunehmen, als der es nicht mehr geschafft hatte, seine Augen offen zu halten. Und vor allem auch, wie dankbar er ihm war, dass er zu ihm gestanden war, als ihm mit der Firma niemand mehr hatte helfen wollen. So vieles kam Josef Dygruber da in den Sinn, was sich zu einer einzigen, nie so gesagten Botschaft destillieren ließ:»Papa, ich hab dich lieb. Danke für alles, was du für mich getan hast.«

Das hatte nichts mit Rührseligkeit zu tun, sondern damit, dass man sich nicht auf etwas vorbereiten kann, dessen man sich nicht bewusst ist. Denn natürlich hatte er das Elternhaus zu einem modernen Mehrgenerationen-Nest ausgebaut und geschaut, dass es Mutter und Vater an nichts fehlte und familiär alles schön eng beieinanderblieb. Aber wie wichtig es ihm war, Liebe den Eltern gegenüber auch auszusprechen und nicht nur in Fürsorge abzubilden, war ihm erst klar geworden, als es dafür schon fast zu spät war. So erfuhr Josef Dygruber aber auch, dass er für seinen Vater der»Lebensmensch« ist. Zwar nicht aus dessen Mund, sondern über die Mutter als Botin, aber immerhin. Nicht nur strategische Kommunikation ist eine Sache, die erst gelernt sein will.

Mit seinen eigenen Kindern hat Josef Dygruber diesbezüglich nicht die geringsten Probleme. Der zwölfjährige Sohn Josef nennt ihn»Kumpel« und sprudelt ungefiltert alles heraus, egal, ob das gerade Liebhaben oder Auf-die-Nerven-Gehen ist. Und die 23-jährige Tochter Laura versichert ihm nicht nur ihre Zuneigung, sondern hat von klein auf klar gemacht, dass sie eines Tages in seine Fußstapfen zu treten gedenkt. Kein Wunder bei jemandem, der im zarten Alter von nicht einmal drei Jahren im Supermarkt vor dem Geschirrspültabs-Regal stehen geblieben ist, auf eine *claro*-Packung gezeigt und»Papa, Calitabs« gerufen hat.

Die junge Dame hat inzwischen an der FH in Kufstein Unternehmensführung fertig studiert, aber die »Calitabs« bleiben für sie derzeit noch außer Reichweite. Denn jetzt will der Herr Papa selbst noch einige Jahre ordentlich Gas geben, und in der Zwischenzeit soll sich die Tochter ihre ersten Sporen anderswo verdienen: »Bei mir wäre sie momentan nur das Kind vom Chef, und das will ich uns beiden nicht antun«, begründet Josef Dygruber seine strikte Haltung, Laura vorerst nicht in die Firma zu lassen.

Wie so vieles hat er auch das mit seiner Frau Marietta besprochen, die an ihrem Ehemann vor allem eines schätzt: »Er ist einzigartig, weil er einfach nicht die Fähigkeit hat, sich zu verstellen.« Die Marketingabteilung würde sagen, er kommt *100 % claro* daher, aber die Firma hat im Haus Dygruber nur einen nach klaren Regeln zugewiesenen Platz. Sie darf am Frühstückstisch sitzen und natürlich auch einmal ein Glas Wein am Abend thematisch begleiten, aber wenn Familie angesagt ist, bleibt sie außen vor: »Ich schätze sehr an ihm, dass wir nie das Gefühl haben mussten, neben dem Unternehmen mitzulaufen. Wenn der Sepp bei uns ist, ist er ganz bei uns. Wir sind ihm das Wichtigste, und das zeigt er uns auch«, sagt Marietta Dygruber. Geschäftstermine in ein Wochenende zu schmuggeln, kam bei Josef Dygruber von Anfang an nie vor, denn die Zeit mit den Seinen ist ihm heilig. Was nicht ausschließt, dass die Familie in Entscheidungen eingebunden wird: »Wir besprechen viele Dinge gemeinsam, und Laura wird, vor allem was die Firma betrifft, ein immer wichtigerer Gesprächspartner in solchen Situationen. Er hört sich gern unsere Meinungen an, aber am Ende entscheidet er dann allein. Was auch klar ist, denn es sind ja auch seine Ideen, und er kann sich ziemlich gut auf sein Gefühl verlassen«, erzählt die Ehefrau, die sehr froh ist, dass der geschäftliche Erfolg von *claro* nicht mit gesellschaftlichen Verpflichtungen verbunden ist. Da tickt sie nämlich genau gleich wie ihr Mann, der sich zwar, wenn es im Interesse der Firma ist, schon einmal gern ans PR-Klavier setzt und dieses auch virtuos zu spielen weiß, aber wenn der Deckel heruntergeklappt ist, geht er nach Hause und nicht zu irgendeinem Sektempfang. Dahinter steckt tatsächlich eine tiefe Abneigung gegen derartige Veranstaltungen und nicht nur die Devise »net aufschatzen«.

Das kommt bei »den Leuten« manchmal ein wenig komisch an, speziell, seit sich *claro* auch zu einem kommerziell erfolgreichen Unternehmen entwickelt hat, das der Familie Dygruber einen gewissen Wohlstand beschert hat. So etwas lässt man sich in derartigen sozialen Gefügen wie einem überschaubaren Dorf in der Regel anmerken. Man muss es ja nicht gleich protzig zur Schau stellen. Die »Familie *claro*« tut das nicht, aber die Umgebung reimt sich in der Regel ihre Geschichten ohnehin selbst zusammen. Als Tochter Laura vor vielen Jahren einmal eine Schulkollegin zu Gast hatte, wirkte die, als sie am Abend von den Dygrubers heimgefahren wurde, ein bisschen enttäuscht. Auf die Frage, was denn mit ihr los sei, antwortete sie: »Ich hab' geglaubt, ihr wohnt in einem Schloss, dabei ist das nur ein ganz normales Haus.«

Im Jahr 2020 wurde Josef Dygruber von einem Interessenten für seine Firma *claro* eine Summe angeboten, die den Erwerb mehrerer Schlösser erlaubt hätte. Aber da hat sich der Kaufwillige im Vorfeld zu wenig mit der Persönlichkeit des Firmenchefs auseinandergesetzt: »Ich habe immer gesagt, mein größter Antrieb ist es, die Marke *claro* vererbbar zu machen, und das ist für mich tatsächlich eine stärkere Aussage, als zu sagen, ich will, dass die Firma irgendwann einmal eine Milliarde Euro wert wird. Wüsste ich heute, dass meine Zeit auf dieser Erde demnächst abläuft, würde ich die verbleibende dafür nützen, etwas zu hinterlassen, das andere dazu motiviert, das in meinem Sinn weiterzuführen.«

Die Möglichkeit, so eine Haltung zu beziehen, nennt Josef Dygruber seinen eigentlichen Luxus. Natürlich waren auch ihm zu Beginn seiner Karriere sichtbare Zeichen von Wohlstand wichtig. Da spielte es sehr wohl eine Rolle, welches Auto er fuhr, da blätterte er in den einschlägigen Wirtschaftsmagazinen, um herauszufinden, welches Gehalt er sich nun als Geschäftsführer auszahlen sollte. Aber das hat sich stark gewandelt in den 25 bisherigen *claro*-Jahren, hat auch die Ehefrau bemerkt: »Ich habe den Eindruck, dass er mit den Jahren bei all dem vielen, das er zu tun hat, immer stärker erkannt hat, dass es auch noch etwas anderes als die Firma gibt. Wir als Familie waren ja ohnehin immer an erster Stelle, aber er macht sich heute schon ganz andere Zukunftsgedanken als früher.«

Das zeigt sich auch daran, dass Josef Dygruber mit 52 Jahren noch einmal in die Schule gegangen und seit Sommer 2020 geprüfter landwirtschaftlicher Facharbeiter ist. Denn das hat er seiner Meinung nach für den nächsten »Luxus« gebraucht, der ihm nun für seine gemächlicheren Tage in der *claro*-Rente vorschwebt: »Die Vorstellung, einmal mit dem Traktor auf meinem eigenen Feld zu kreiseln, macht mich jetzt schon fröhlich«, sagt er. Dieser Altersplan muss aber vorher noch am Küchentisch besprochen werden, denn da hat Frau Marietta auch noch ein gewichtiges Wort mitzureden. Als Landwirtin sieht sie sich nämlich überhaupt nicht. Zumal sie den Verdacht hegt, dass es dem Gemahl ohnehin mehr ums Kreiseln mit dem Traktor als ums ernsthafte Bewirtschaften eines Anwesens geht. Aber dieses Gespräch, das da noch ansteht, wird so schnell ohnehin nicht stattfinden.

Denn Josef Dygruber fehlen noch ein paar Meter, ehe er es sich auf einem Traktor bequem machen kann: »Ich bin mit *claro* jetzt eine Viertelstunde vom Gipfel entfernt. Das hört sich wenig an, aber das wird noch eine ganz harte Strecke. Nur habe ich jetzt so viel investiert, um an den Punkt zu kommen, wo wir jetzt stehen, dass ich die Aussicht von ganz oben auch noch genießen will.« Wie zäh so etwas werden kann, hat er 2016 erlebt, als er in Klagenfurt den Ironman absolvierte. Das tat er auch aus einer sportlichen Ambition heraus, aber bei Weitem nicht nur. Denn Josef Dygruber macht nichts einfach nur aus sofort erkennbaren Motiven heraus, er denkt wie ein Schachspieler immer schon ein paar Züge weiter. Deshalb ging es ihm 2016 in Kärnten auch darum, sich selbst zu beweisen, dass er finishen kann. Das gelang ihm damals, und er wird die Erfahrung, wie viel Überwindung und Durchhaltevermögen ihn das auf den letzten Kilometern gekostet hat, als Unternehmer in seine »letzte Viertelstunde zum Gipfel« einfließen lassen.

Ob das dann auf Anhieb so gelingen wird, wie er sich das vorstellt, weiß man nicht. Dass dieses »lebende Tab« aber notfalls einen Plan B herausprudelt, schon.

VOM TELLERWÄSCHER ZUM VISIONÄR

Der streitbare Berliner Sozialwissenschaftler und wortge-
wandte ökologische Vordenker Otto Ullrich nahm sich bereits im Juni 1988 bei der Jahrestagung der Vereinigung für
ökologische Wirtschaftsforschung in Bremen kein Blatt vor
den Mund: »Das Industriesystem schöpft seine große Leis-
tungsfähigkeit, riesige Mengen von Materie zu Waren um-
zuformen und über die ganze Erde zu verstreuen, ganz
wesentlich aus zwei Voraussetzungen: Es verprasst Vorrä-
te, die es selbst nicht geschaffen hat, und es erzeugt Folge-
probleme, für die es nicht selbst aufkommt. Es internali-
siert also fremde Vorleistungen und externalisiert auf
Kosten der Natur und der Zukunft.« Sein Kollege, der So-
ziologieprofessor und Bestsellerautor Ulrich Beck nannte
diesen Zustand die »organisierte Unverantwortlichkeit«.

Was die Wissenschaft bereits damals energisch ein-
mahnte, nämlich ökologische Produktionskonzepte, hatte
in den 80er- und 90er-Jahren des vorigen Jahrhunderts in
der Praxis noch Seltenheitswert. Und wenn Öko-Pioniere
wie Josef Dygruber schon zu dieser Zeit auf die grüne Kar-
te setzten, waren ihnen argwöhnische Blicke und Skepsis
seitens des Marktes gewiss. Aber schon Otto Ullrich sprach
diesen ersten Wegbereitern in seiner flammenden Rede
von 1988 Mut zu: »Die Umweltpioniere, als Personen und

als Betriebe, haben in der Regel Nachteile in Kauf zu nehmen. Aber ohne das Vorbild und den Druck von Pionierminderheiten ist die Chance für eine allgemeine Änderung der Spielregeln noch geringer als ohnehin schon.«

Als Josef Dygruber 1995 mit *claro* sein grünes Start-up aus der Taufe hob, hatte er weder Ullrich gehört noch Beck gelesen. Aber er hatte es im Gespür, dass sich hier ein neuer Markt mit enormen Entwicklungsmöglichkeiten auftun würde und behielt damit recht. In einem groß angelegten Forschungsprojekt über umweltpolitische Innovations- und Wachstumsmärkte, durchgeführt von *Roland Berger Strategy Consultants* im Jahr 2007, wurde das Weltmarktvolumen der sogenannten »grünen Märkte« bereits auf eine Billion Euro geschätzt. Im Jahr darauf, genau 20 Jahre nach Otto Ullrichs eindringlichen Worten in Bremen, postulierte das deutsche Umweltministerium: »Ökologie ist die Ökonomie des 21. Jahrhunderts. Die Märkte der Zukunft sind grün.«

Anfangs als realitätsfremde Nischen-Zwerge belächelte grüne Pioniere wie Josef Dygruber hatten auf dem Markt nun nicht mehr die von Ullrich angesprochenen Nachteile, sondern sie waren jetzt die mit dem Startvorteil geworden. Und ihre ökologische Saat trug von Jahr zu Jahr größere ökonomische Früchte. Ein gewachsenes Öko-Branding wie das von *claro* erregte nun auch Aufmerksamkeit über die Landesgrenzen hinaus, und Josef Dygruber registrierte mit Freuden, dass seine Marke einen *Pull*-Faktor entwickelt hatte. So traten Distributoren aus dem Iran und Jordanien an ihn heran, und auch die renommierte israelische *Jacobi Company* aus Tel Aviv nahm die Öko-Tabs aus Österreich in ihr Sortiment auf. Alle drei Länder sind mittlerweile seit Jahren im sogenannten *Rest-of-the-world*-Pool von *claro*, wie die Vertriebsländer außerhalb des Heimatmarktes Österreichs und des Fokusmarktes Deutschland intern bezeichnet werden.

Während *Jacobi*, das ganz gezielt weltweit nach passenden Import-Produkten sucht, *claro* sehr bewusst ausgewählt hatte, waren Iran und Jordanien, wenn man so will, zufällige Nebengeräusche aus der Tourismusbranche. Die Distributoren aus beiden Ländern hatten mit ihren Familien in Österreich Urlaub gemacht und waren dabei in Supermärkten auf die grüne Marke aufmerksam geworden. Für Josef Dygruber brachte das auf der einen Seite zusätzlichen Umsatz, aber bei seinen Besuchen in den Ländern auch interessante Erfahrungen: »Ich hatte vor meinem ersten Flug nach Teheran fast Bilder eines Kriegsgebietes im Kopf. Aber nach der Landung war es dort viel eher so wie in den Erzählungen meines Geschichte-Professors über die persische Hochkultur. Die Schönheit des Landes, die Kultur und die Menschen haben mich sofort in ihren Bann gezogen.«

Der Distributor, inzwischen zum Freund der Familie geworden, schickt immer wieder Fotos von schön arrangierten Aufbauten mit *claro*-Produkten in iranischen Supermärkten, und durch ihn hat Josef Dygruber auch interkulturell einiges dazugelernt. Dazu muss man vorab wissen, dass der *claro*-Chef ein Mensch ist, bei dem es normalerweise keine zweite Chance gibt, wenn man ihn einmal enttäuscht oder übers Ohr haut. Und eines Tages zeigte das Monitoring, das den Namensschutz überwacht, eine Markenanmeldung auf *claro* in Teheran an. Es war der Vertriebspartner, der sich hier klammheimlich die fremde grüne Feder an den Hut stecken wollte. In dem Fall war Dygruber aber milde, denn er hatte längst gelernt, dass der Mann das nie würde zugeben können, ohne in seinem kulturellen Verständnis das Gesicht zu verlieren. Also wurde die Angelegenheit stillschweigend aus der Welt geschafft, der Iraner blieb sowohl Distributor als auch Freund der Familie, und Josef Dygruber schmunzelt seinen sonst so ehernen Grundsatz weg:»In gewissen Fällen kann man schon einmal eine Ausnahme machen.«

In Jordanien hingegen erlebte der *claro*-Boss eine Überraschung der anderen Art. Nachdem ihm sein neuer Vertriebspartner die Platzierungen in einigen Supermärkten in Amman gezeigt hatte, bestand er darauf, den Gast aus Österreich noch zum Essen einzuladen. Josef Dygruber war nur mäßig angetan von dieser Idee, weil er sich vor dem Rückflug lieber im Hotel noch ein wenig ausgeruht hätte, als mit dem Mann in irgendein Lokal zu gehen. Aber aus Höflichkeit stimmte er zu:»Dann sind wir endlos gefahren mit seinem Geländewagen, die Häuser wurden immer weniger, und plötzlich standen wir auf einer Anhöhe vor einer Einfahrt mit automatischem Tor und fuhren auf eine Prachtvilla zu, in der dann ein Koch und etliche andere Bedienstete aufmarschierten.« Auf die Art erfuhr Dygruber, dass sein neuer Vertriebspartner in die jordanische Königsfamilie eingeheiratet hatte und war nun sehr froh, dass er die Einladung nicht ausgeschlagen hatte:»Wenn du solche Leute für eine Zusammenarbeit findest, ist das natürlich schon sehr lässig. Und der kümmert sich auch wirklich engagiert um den Markenaufbau im Land.«

Nicht immer funktioniert es jenseits der heimischen Grenzen aber so reibungslos, wie Josef Dygruber in Russland erfahren musste. Nachdem er dort schon etwa zwei Jahre mit seinen Tabs in den Regalen präsent war, tauchte plötzlich eine neue Marke mit dem launigen Namen *Frau Schmidt* auf. Die Verpackung war *claro* bis hin zur patentrechtlich geschützten Taillierung nachempfunden, und das ging dann doch zu weit. Das Plagiat musste wieder vom Markt genommen werden.

Ein Aha-Erlebnis ganz anderer Art bescherten Josef Dygruber hingegen zwei junge Burschen aus Shanghai, die bei ihm um seine Produkte vorstellig wurden. Der *claro*-Chef begegnete ihnen mit einer gewissen Reserviertheit, weil er sich zunächst nicht vorstellen konnte, dass er es hier mit geballter Vertriebskompetenz zu tun hatte. Bis ihm die jungen Leute erklärten, dass es ganz gewiss nicht darum ginge, Verpackungen in Regale zu stellen, sondern sie *claro* über die größten Online-Plattformen von Shanghai aus in ganz China vertreiben wollten. Der Deal kam zustande und Dygruber freut sich seit diesem Tag über 30-prozentige Zuwachsraten in Asien: »Das bewegt sich natürlich noch in überschaubaren Dimensionen, aber dadurch habe ich gelernt, dass sich auch die Abhängigkeit von Handelspartnern, die in meiner Anfangszeit noch riesengroß war, gewandelt hat. Ich glaube mittlerweile, dass China in ein paar Jahren ein Gegengewicht zu Österreich werden kann, wo wir ein paar Millionen Euro Umsatz machen. Denn den Chinesen gefällt auch unsere Geschichte. Die vertrauen uns zu 100 Prozent, weil wir ein sauberes Image haben.«

Ein Image, das nicht zufällig passiert ist, das auch nicht nur mit dem wachsenden ökologischen Bewusstsein der

Kunden zu tun hat, sondern sehr viel mit dem Innenleben von *claro*. Es ist Josef Dygruber durch seine Wandlung vom hemdsärmeligen »Kümmerer um eh alles« zum strategischen Manager gelungen, dem Unternehmen *claro* eine Mission und eine Vision einzupflanzen. In ihrem Buch *Erfolg mit Hirn* schreibt die Gründerin der österreichischen Neuro-Leader Academy, Sonja M. Lauterbach, dazu: »Echte Visionen haben eine starke, magnetische Wirkung und einen hohen Begeisterungsfaktor. Sie aktivieren Sehnsüchte.« Und sie betont auch, wie wichtig es ist, dass die Person an der Spitze das nicht nur vorgibt, sondern auch vorlebt: »In Unternehmen, in denen Neuro-Leader am Führungsruder sind, ist allen Mitarbeitern der Inhalt der Mission und der Vision nicht nur bewusst, sie leben sie auch, weil sie sie in der Tiefe verstanden haben und ihre Führung dabei Vorbild und Vorreiter ist. Wer Mission und Vision wirklich verinnerlicht hat, dem fällt es auch viel leichter, sich mit den Zielen eines Unternehmens zu identifizieren.«

Begonnen hat Josef Dygruber als ambitionierter, öko-affiner Tellerwäscher mit einer Idee, der seinen Mitarbeitern ein Vorbild war. Geworden ist er ein versierter, umfassend ausgebildeter grüner Markenmanager mit Mission und Vision, der seinen Mitarbeitern ein Leitbild geworden ist. Ein engagierter Entrepreneur hat sich zu einem fundierten Neuro-Leader entwickelt.

Seine Firma steht heute so gut da wie noch nie, das Online-Geschäft boomt, der deutsche Markt mit zehnmal so großen Absatzmöglichkeiten wie der in seiner Heimat Österreich geht gerade ganz weit auf für ihn – aber das wird es nicht gewesen sein. Denn wie sagt sein langjähriger

Wegbegleiter Peter Graski: »Er wird nie Ruhe geben in Bezug auf Weiterentwicklung.« Und Dygrubers Ehefrau Marietta ergänzt: »Seine eigentliche Antriebskraft ist, immer wieder zu schauen, wo man sich noch erweitern könnte. Er kann auch an keinen Zielpunkt kommen, weil er immer wieder etwas Neues findet.«

Aufgestellt hat er sich dafür entsprechend, nicht nur, was die eigene Entwicklung betrifft. Mit seinem »Miraculix« Dr. Josef Lukasser, dem Leiter der Entwicklungsabteilung, hat er einen kongenialen Partner für seine Mission gefunden, auch das letzte und in der Regel schwierigste Stück zum Gipfel zu schaffen. Mit CEO-Coach Jürgen Graner, Dr. Harald Magg, dem ehemaligen Entwicklungschef von *Reckitt Benckiser*, und Johannes Seiringer, ehemals Leiter des Konzerncontrollings der *zooplus AG* und Spezialist für den Online-Bereich und neue Kommunikationsbereiche, hat er sich einen »Rat der Weisen« zugelegt, mit dem er wichtige strategische Entscheidungen vorbespricht. Wobei Harald Maggs Mitwirkung nicht einer gewissen Pikanterie entbehrt, hatte der doch einst vor Gericht *Benckiser* im Prozess gegen Josef Dygruber vertreten. Inzwischen ist er aber nicht nur dessen Berater, sondern es entstand darüber hinaus eine freundschaftliche Beziehung.

Aber was ist, wenn der Gipfel erreicht ist? Was bleibt so hoch oben und in so dünner Luft noch als Ziel, das Dygruber laut seiner Ehefrau ohnehin nie als solches akzeptieren würde? Die Antwort liegt in einer Schublade des *claro*-Chefs und ist ein bis ins letzte Detail gezeichneter Bauplan für eine Ökofabrik. Denn eine solche ist die vielleicht letzte ganz große Vision in Josef Dygrubers Leben als Tabs-Fabrikant. Und die ist ein bisschen auch auf dem Mist von Dygrubers heute zwölfjährigem Sohn Josef gewachsen, der mit etwa fünf, sechs Jahren staubtrocken festgestellt hatte: »Kumpel, du hast ja gar keine Fabrik. Weil eine Fabrik hat drei Schornsteine.«

Nun, drei Schornsteine sind auf den Plänen nicht eingezeichnet, dafür aber jede Menge Solarzellen. Denn auch wenn Dygruber dieses Projekt gedanklich nach hinten geschoben hat, wird es sich von dort mit der Zeit wieder nach vorne arbeiten: »Wenn du so wie ich in das Unternehmertum hineinstolperst und immer Miete zahlst, denkst du dir natürlich schon, wie das wäre, etwas Eigenes zu haben. Das Thema bewegt mich schon seit vielen Jahren, und ich war auch schon knapp davor, loszulegen, bin aber heute froh, dass ich das aus einem Bauchgefühl heraus noch verschoben habe.« Denn zuerst will nach dem großen Erfolg bei *Stiftung Warentest* der deutsche Markt beackert werden, und es ist Josef Dygruber sehr bewusst, dass man dafür zuerst Geld in die Hand zu nehmen hat, ehe es zurückfließen kann: »Ich weiß, dass ich ständig investieren muss, und als Erbsenzähler wäre ich auch falsch bei der Markenführung. Ich bin kein typischer Controller, und das ist auch gut so, denn sonst wäre die Marke *claro* nicht da, wo sie heute steht.«

Aber die Vision lebt. Denn Josef Dygruber hat ja nicht nur den Plan in der Lade, sondern auch schon ein Grundstück im Visier, auf dem seine Öko-Fabrik eines Tages stehen soll. Dass diese mit einer Fotovoltaik-Anlage auf dem Dach und Speichermodulen von der Energieversorgung her möglichst autark arbeiten soll, versteht sich dabei von selbst. Aber Dygruber widmet sich gedanklich viel lieber dem, was in dieser »gläsernen Fabrik« passieren soll. Denn

ihm geht es so gar nicht darum, eines Tages mit Rausche-
bart und Rollkragenpulli als *Role Model* für Umweltbe-
wusstsein durch seinen Betrieb zu stolzieren. Er sieht dieses zukünftige Werk eher als *Touch Point*, zu dem Menschen
kommen, um im Sinn des Wortes nachhaltig Markenbe-
kanntschaft zu machen.

»Die sollen bei mir durch die Fabrik gehen können
und sehen, wie die Tabs rausschießen. Das ist ja ein bisschen wie »Galileo« oder die »Sendung mit der Maus«. So
erzeugst du eine extreme Markenbindung, daran glaube
ich ganz fest«, sagt Dygruber. Dem es mit dieser Vision
aber nicht darum geht, Kunden zu »fangen«, sondern
Menschen zu begeistern. Für etwas, das ihm und seinen
Mitarbeitern in der täglichen Arbeit auch so viel Freude
bereitet. Die Leute teilhaben zu lassen am Entstehungs-
prozess eines Produktes, das praktisch jeder von ihnen
täglich in die Hand nimmt. Sie aufzuklären über die ökologisch unbedenklichen Rohstoffe, mit denen bei *claro* gearbeitet wird. Mit ihnen nicht nur über die Verpackung
zu kommunizieren, sondern zum Beispiel den Graskar-
ton für die *100 % claro*-Linie an Ort und Stelle erklären zu
können. Es ist nicht verwunderlich, dass Josef Dygruber
für so eine Form des ultimativen Kundenkontaktes Feuer
und Flamme ist, auch wenn das derzeit noch ein Zukunfts-
traum ist.

Man versteht in solchen Momenten nämlich auch sehr
gut, warum dieser Mann andere so für sich einnehmen
kann. Er ist in der Lage, seine Visionen gleichzeitig mit
nackten Zahlen und glänzenden Augen, professioneller
Gründlichkeit und fast kindlicher Begeisterung zu trans-
portieren. Ihm glaubt man nicht nur, dass er ernst meint,

was er sagt, man traut ihm auch zu, das umzusetzen. Dafür liefert er ja auch immer wieder Beweise.

In Leipzig lernte er einmal Dr. Anne-Christin Bansleben kennen, die Geschäftsführerin des Modelabels *deepmello*. Die Geschichte der studierten Ernährungswissenschaftlerin hatte ihn fasziniert, denn, anstatt die umweltbelastenden klassischen Gerbstoffe zu verwenden, stellte sie sogenanntes Rhabarberleder mit dem natürlichen Extrakt Oxalsäure her. So etwas erzählt man Josef Dygruber nicht ohne Konsequenzen. Nach Österreich zurückgekehrt, führte ihn der erste Weg in seine Entwicklungsabteilung, und heute gibt es im *claro*-Portfolio ein Handspülmittel mit Rhabarberextrakt. Der Kontakt zu Bansleben hatte zusätzlich aber auch eine Erweiterung seiner großen Vision zur Folge.

Denn jetzt will er, wenn er es dann einmal tatsächlich angeht, gleich neben der Öko-Fabrik einen Bauernhof und ausreichend Grund erwerben, um Rhabarberfelder anlegen zu können: »Ich kann mir eines wirklich sehr schön vorstellen – dass oben in der Fabrik gerade eine Führung ist und mein Verkaufsleiter Marco Weitzenböck zu den Leuten sagt: ›Seht ihr den da unten mit dem Strohhut, der auf dem Traktor durch die Rhabarberfelder kreiselt? Das ist der Chef‹.« Natürlich muss das mit dem Bauernhof vorher noch am Dygruberschen Küchentisch abgesegnet werden, aber das ist eine andere Geschichte.

Die Öko-Fabrik jedenfalls ist jetzt schon mehr als nur ein Traum, und die, die ihn am besten kennt, seine Ehefrau Marietta, ist sicher, dass er dieses Projekt eines Tages umsetzen wird: »Das arbeitet schon ziemlich in seinem Gehirn und reift immer mehr. Er ist jetzt mit dem neuen Standort in Anif zwar sehr glücklich, aber das wird nicht die Endstation sein.«

Josef Dygruber ist sich bewusst, dass ihn das viel Geld kosten würde und er sich als sein eigener Controller diese Vision eigentlich untersagen müsste. Aber er weiß natürlich auch, dass beim Erbsenzählen unterm Strich nie etwas anderes herauskommt als die exakte Anzahl der Erbsen und dass das wenig Fantasie und kreative Power hat. Er hat den Mitbewerbern mit ihren Konzernstrukturen voraus, auch einmal eine kühne Entscheidung treffen zu können, ohne alle möglichen Entscheidungsebenen wegen einer Erlaubnis abklappern zu müssen. Die Freiheit, so handeln zu können, ringt halt noch mit dem Wissen, dass es keine unbedingte Notwendigkeit ist, so einen großen Schritt zu wagen: »Wenn ich den Mut habe und das durchziehe, kann das eine große Sache werden. Und das von Österreich ausgehend – ein schöneres Land für Nachhaltigkeit gibt es gar nicht. Da hat allein die Idee davon schon so eine enorme Kraft.«

Schön, dass er in seinem persönlichen Wandlungsprozess als Unternehmer nicht die Fähigkeit verloren hat, von Zeit zu Zeit mit großen Augen und offenem Mund begeistert in seinen eigenen Visionen zu lustwandeln. Denn eines ist gewiss: Es waren auch die Träume von Josef Dygruber, die die heutige *claro*-Wirklichkeit erschaffen haben.

EPILOG

Ein Hamburger Geschäftsmann empfing den *claro*-Chef einmal mit den Worten: »Dygruber, immer wenn Sie zur Tür hereinkommen, ist das für meine Seele ein bisschen wie Urlaub.« Nun mag dieses im Arbeitsleben außergewöhnliche Kompliment zu einem Teil dem alpenländischen Idiom des Besuchers geschuldet gewesen sein, hatte aber darüber hinaus gewiss mit dem gewinnenden Wesen des österreichischen Geschäftspartners zu tun.

Ein Wesen, das auch die Arbeit an diesem Buch prägte, die, bedingt durch die Covid-19-Pandemie, relativ rasch als *Distance Working* via Zoom-Sitzungen stattfinden musste.

Denn »gefangen« für dieses Projekt hatte mich nicht so sehr das Unternehmen, sondern vielmehr der Mensch, der es gegründet und zu einem »grünen« Musterbetrieb entwickelt hatte. Dieser erste Eindruck von Josef Dygruber war anfangs noch nicht ausdifferenziert, aber er hatte nicht getrogen, wie sich zeigte, als sich Fensterchen um Fensterchen ins Innenlebens dieses unkonventionellen Unternehmers öffnete.

Es war ein virtuelles Meeting kurz vor Ostern, als er mir mitteilte, dass er jedem Mitarbeiter in der Produktion einen finanziellen Extra-Bonus hatte zukommen lassen. Denn in dieser Abteilung hatten sich, coronabedingt, die

Schichtzeiten geändert, und das erforderte von den Betroffenen spontane Anpassungen, was den gewohnten Lebensrhythmus betraf. Dygruber drückte in dieser Situation zwar mit Geld seinen spezifischen Dank aus. Aber in weit höherem Ausmaß übermittelte er mit dieser Geste seine grundsätzliche Wertschätzung.

Sich vorzustellen, was jeder einzelne der auf diese Art Überraschten mit dem unerwarteten Geldsegen zu Ostern tun würde, erfüllte ihn überdies mit nahezu kindlicher Freude.

Im Kontext einer durch die Pandemie einschränkend und sorgenvoll gewordenen Zeit war es eine erfreuliche, in manchen Momenten sogar erheiternde Aufgabe, die Unternehmerpersönlichkeit Josef Dygruber in all ihren Facetten kennenzulernen. Zu erkennen, wie erfrischend ursprünglich und authentisch jemand in seiner Struktur bleiben kann, der in seiner Rolle komplexeste Zusammenhänge erfassen und komplizierteste Situationen meistern muss, war eine außergewöhnliche Erfahrung.

Festzustellen, wie viel an *claro* auf dem Weg von der Grundidee bis zur hochprofessionellen Performance nicht nur untrennbar mit dem Gründer verbunden ist, sondern diesen auch ziemlich gut abbildet, war faszinierend. Das führte dazu, dass eine anfangs vermeintlich zweigeteilte Geschichte über ein ökologisch produzierendes Unternehmen und einen interessanten Selfmade-Unternehmer letztlich zu einem stimmigen Ganzen verschmolz.

Und so manche Zoom-Sitzung für diese Geschichte wurde in ihrem Verlauf vom Gefühl her tatsächlich ein bisschen wie Urlaub für die Seele. Weil der Dygruber Sepp ins Gespräch eingetreten war.

Wolfgang Maria Gran

ÜBER DEN AUTOR

Wolfgang Maria Gran ist Buchautor und Journalist. Der gebürtige Steirer arbeitete 35 Jahre lang im Tageszeitungsbereich, unter anderem bei *Kurier, Salzburger Nachrichten* und als Ressortleiter bei der *Kronen Zeitung*. Daneben trat er auch als Buchautor in Erscheinung. Seine Biografie über den ehemaligen Fußball-Teamchef Hans Krankl war ein Nummer-1-Bestseller. Zuletzt veröffentlichte er im Verlag *Pantauro »Legenden«*, ein Buch über 100 Jahre Skigeschichte.